대출학개론

대출학개론

: 대출 심사이론 포함

박종하 지음

좋은땅

돈을 빌려주고, 빌리는 행위는 인류의 역사와 그 궤를 같이하는 것으로, 사람의 일생에서 금원을 빌리거나 빌려주는 행위는 너무나도 흔한 일상이라 할 수 있다. 그러나 대부분의 우리는 누구로부터 돈을 빌려야 하는 상황 또는 빌려주는 상황에서 상처를 받고 좌절하기도 하고, 좋은 인연이 되어야 할 대주와 차주의 관계가 아닌, 비원(悲願)의 대상이 되는 것을 쉽게 볼 수 있다.

대주와 차주가 모두 그 빌려준 금원을 포기하거나 빌린 금원을 갚지 않는 것을 비정상(非正常)으로 본다면, 그 **정상적 대여 및 차입 행위에 그 대주와 차주의 입장의 차이를 줄여 상호간 이해관계가 더 높은 확률로 부합할 수 있는 실무이론을 소개해 주는 것 자체가 보람일 수도 있다는 필자의 신념이, 생애 두 번째 저술이라는 여정을 시작하게 된 동력**이라 할 것이다.

이 책은 사실 1금융권에서 근무하는 여신/대출 담당자들을 위한 범용 핸드북 또는 실무이론서를 꿈꾸며 기획되었다. 나아가 '대출학' 또는 '여신학'이라는 이론으로 다뤄지지 못한 영역임에도, 실제의 현장에서는 늘 고민과 다툼의 대상이 되며, 절대 답안을 찾기 어려운 실무 사례에서 이를 극복할 수 있는 이론적 근거, 또는 상식에 반하는 금융관행에 대한 반론을 담은 최초의 이론서가 되기를 희망하는 바람도 담겨 있다. 또한 본 서에서 다루는 많은 내용은, '대출'을 중심으로 하는 다수의 실용적 이슈를 다루고 있는바, 저축은행과 여신전문금융회사의 대출 실무자는 물론 금융 당국 관계자나 일반금융소비자도 금융기관에서 일어나는 다양한 여신행위를 이해하고 돈을 까다롭게 빌려줄 수밖에 없는 금융기관의 속성을 이해하는 데 도움이 될 거라는 믿음을 함께 담았다.

1부에서는 돈을 빌려주는 자 입장에서 금융기관 대출 담당자가 더 좋은 투자대상(차주)을 선별하여 지원할 수 있는 실무적 절차와 방법을 심사이론적 측면에서, 가계대출과 기업대출, 그리고 PF대출로 구분하여 정리해 보았다.

2부에서는 덜 범용적인 주제로, 회생/파산절차 등 부실징후 차주에 대한 관리 실무를 정리하였고, 3부에서는 돈을 빌리는 자(채무자) 입장에서 금융기관인 대주의 속성을 이해하고 조금 더 쉽게 자금을 빌릴 수 있는 대안을 제시하는 한편, 금융기관 종사자 입장에서는 고객인 '차주'의 눈으로 융자 프로세스를 바라볼 수 있는 기회를 제공코자 하였다.

　부디, 이 서적이 금융기관 대출업무 종사자의 균형감 있는 대출 실무를 도와주는 이론서가 되는 한편, (대출을 받는 자의 입장에서도) '금융기관의 대출'과 '대출 관련 행위'를 조금 더 분석적 측면에서 접근해 볼 수 있는 색다른 기회를 제공하는 한편, 참신한 인사이트(insight)를 담은 기본서가 되기를 소망해 본다.

Order of Contents

1부

대출개념과 심사이론

본인은 지난 24년간 은행에서 여신 제도와 심사 실무를 두루 다루었고, 초년 시절 그리고 매니저 레벨에서 영업점, IB부서에서 여신 실무와 IB/PF 실무를 수행했던 은행원이자 금융인이다. 「여신」이라는 틀에서 발생하는 다양한 사례를 영업현장에서 실제 수행하며, 여신 고객들을 구체적으로 접해 본 경험을 토대로, 15년 이상 두 개 은행의 심사부 및 여신기획부에서 기획 실무자 또는 심사역의 시각으로 수천, 수만의 여신을 분석적으로 살펴볼 수 있었던 점은 행운이라 할 수 있다. 왜냐하면, 오랜 기간 무수한 대출 사례를 영업점장 및 대출 실무자와 함께 공유하며, 심사적 관점에서 그리고 내규와 컴플라이언스의 관점에서 분석하고 부딪히며 자연스럽게 얻은 '내공'과 '균형감'은 너무나 소중한 자산이기 때문이다.

그럼에도 모든 여신 행위가 각기 다른 채무자인 상대방이 있는 거래로서 매우 다양한 행태로 취급되고, 또한 개인대출과 기업대출의 경우 접근방식이나, 심사방법론에서 차이가 있기에 두 개의 영역을 모두 통달하기 쉽지 않다는 현실을 알게 되었다. 또한, 상대적으로 단순해 보이는 개인대출의 심사 프로세스에 필연적으로 개입하는 다양한 형태의 금융 규제가 점차 다양하고 지속적으로 분화하고 있다는 점도, 모든 영역에 정통한 심사가 점차 어려워지는 배경이 되고 있다.

이에, 본 장에서는 개인대출과 기업대출을 분리하여, 각 대출의 개념과 종류, 심사 방법론을 중심으로 설명해 보고자 한다. 더불어, 조금 더 진보된 주제인 PF대출에 대해서도 '개론' 수준에서 정리해 보았다.

CH I

개인대출의 개념과 심사방법론

I-1. 개인대출의 종류와 기본 개념

   모든 개인은, 살아가는 과정에서 늘 '충분한 돈'에 대한 갈망으로, 돈 걱정 없는 부자의 삶을 꿈꿀 것이다. 한편으론, 누구나 일생에 한두 번은 적지 않은 규모의 자금 융통이 필요하기 마련이다. 이 경우, 본인이 저축해 둔 자금으로 또는 주변의 도움을 받아 자금마련을 시도할 것이나, 대부분의 개인은 금융기관으로부터의 '융자'를 통해 자금 부족을 해결하게 된다. 어찌 보면, 자산이 많은 개인일수록 더 많은 대출을 통해 그 자산의 축적을 위한 지렛대(leverage)로 활용하고 있는 것도 같다. 실제로, 금융기관 대출을 적절하게 활용하는 자가 더 쉽게 자산을 늘리거나 부를 축적하는 사례를 자주 볼 수 있다. 더 잘살기 위해서는 적절하게 대출을 활용하는 것이 필요한 시대라 할 수 있다.

개인대출의 종류

　개인이 자금을 융통하는 방법은 크게 본인이 가진 신용을 기반으로 하는 '신용대출'과 본인 또는 제3자가 제공하는 물적 담보를 기반으로 취급하는 '담보대출'로 구분된다. 통상의 담보대출은 상대적으로 큰 융자금을 필요로 하는 경우로, 차주인 개인에게 부족한 신용을 주택, 아파트, 오피스텔, 상가, 토지 등 부동산을 담보로 하거나, 예금, 신탁 등의 채권 담보 또는 주식 등 유가증권을 담보로 제공하여 받는 대출을 망라한다.

　과거에는 신용대출을 받는 경우에도 가족, 친구 등 제3의 개인 또는 법인의 연대보증을 통해 본인의 신용을 보완하는 형태의 대출이 관행처럼 취급된 적이 있었다. 그러나 연대보증의 사회적 폐해를 줄이기 위한 금융관행 개혁의 일환으로 2000년대 이후로 연대보증을 통한 개인대출 신용보강의 방식은 대부분 금지되어 온바, 현재 금융기관에서 중도금대출을 수혜하거나, 조합 또는 임의단체에 대한 대출 등 부득이한 상황이 아니라면 제3자인 개인 또는 법인의 연대보증을 통한 대출방식은 대부분 사라진 것으로 보아도 무방[1]하다.

---

1)　현재, 금융기관의 대출에 대한 연대보증인 규제는 「금소법(금융소비자보호법)」상 '불공정영업행위의 금지' 조항으로 통합되어 규율되고 있다.

[정리] 개인대출 종류 및 심사 시 검토대상

구분	신용대출	담보대출
기초 분석대상	신청인 신용도 (CB등급 및 금융기관 CSS)	신청인 신용도 (CB등급 및 금융기관 CSS)
핵심 분석대상	직업(Job), 소득(Income) 규모	담보물 시세(감정가), 유효담보가액, 환가성/안정성
2차 분석대상	연령, 재산, 순자산 기타 신용행태	각종 금융 규제(LTV, DTI, DSR)
	DSR 규제 외	
	적합성,[2] 적정성 검증, 자금용도	적합성, 적정성 검증, 자금용도

「대출」의 기본 개념

본격적인 논의에 앞서, 흔히 혼용되어 사용되는 「대출」과 「여신」, 그리고 「신용공여」에 대한 개념을 짚어 보자. 실무상 구별의 실익이 크지는 않지만 금융기관 직원들도 종종 혼동하는 개념인 점을 고려하여 한번 살펴볼 필요가 있다.

■ 대출(Loan)과 여신(Credit), 그리고 신용공여

개인대출 영역에서는, 사실상 같은 의미로 사용되는 것으로 봐도 무방하다. 다만, 대출의 대상을 기업 등으로 확장할 경우, '여신'에는 '대출

---

2) 금소법의 시행에 따라 대출성 상품 판매 시에도, '적합성의 원칙'과 '적정성의 원칙'이 적용되고 있다. 적합성의 검토는 '대출상품의 권유행위'가 개입되는 점(파악한 정보를 토대로 권유 대상자에게 해당 대출이 적합한지를 따지는 측면)에서 적정성과 다르나, 두 개의 원칙 모두 ① 거래 목적 ② 변제계획 ③ 신용 ④ 재산상황 ⑤ 연령을 따져 상환능력을 평가해야 한다는 점에서는, 유사한 개념이라 할 수 있다.

채권[3]뿐 아니라 '지급보증' 등 다양한 형태의 신용공여를 포괄하는 개념이 된다. 즉, '여신'은 '대출'에 비해서 조금 더 넓은 개념이라 할 수 있다. 한편, '신용공여[4]'는 통상 금융법규(은행법 또는 상호저축은행법 등)에서 규제 및 감독업무 수행 등의 용도로 생성한 용어로, '대출'과 '지급보증'은 물론, '유가증권매입'과 '매입외환', '신용카드채권' 및 '기타 신용공여' 등 매우 광범위한 금융기관의 리스크 부담행위를 포괄하고 있다.

[참고] 신용공여의 개념(업권별로 다소 상이하게 적용 중)

구분	은행법시행령 [제1조의3]	상호저축은행법 [제2조]
신용 공여	◇ 대출, 지급보증, 지급보증대지급금, 어음 및 채권의 매입, 그 외 거래 상대방의 지급불능 시 은행에 손실을 끼칠 수 있는 거래	◇ 급부, 대출, 지급보증, 자금 지원적 성격의 유가증권의 매입, 그 밖에 금융거래상의 신용위험이 따르는 직접적·간접적 거래(예 : 회사채, 기업어음, 콜론, 할부금융 등)
제외 대상	◇ 은행에 손실을 끼칠 가능성이 매우 적은 것으로 판단되는 거래(예 : 상업어음할인, 자행 예금 담보여신, 신용장방식 매입외환 등) ◇ 금융시장 영향도 등 해당 거래의 상황을 고려하여 배제하는 거래	◇ 「예금자보호법」 제2조제2호에 따른 '예금등'에 해당하는 것
	☞ 근거 : 은행업감독규정 별표 2(신용공여의 범위)	☞ 근거 : 상호저축은행법 시행령 제3조의2(예금 등 및 신용공여의 범위)

---

3) '대출(채권)'이란, 명칭 등 형식에 불구하고 경제적 실질이 이자수취 등을 목적으로 원리금의 반환을 약정하고 자금을 대여하여 발생한 채권 및 대지급금 등의 구상채권을 의미. (출처 : 상호저축은행업감독규정 제36조①항)

4) '여신(與信)'이라는 단어의 구성 자체가, '금융기관에서 고객에게 돈을 빌려주는 일'로, 이른바 '신용공여'의 의미이다. 다만, '여신'이 다소 추상적인 개념임에 반해, '신용공여'는 각 법규에서 그 범주를 구체적으로 명시하는 한편, 정책적으로 배제하는 과목(예 : 예금담보대출, 상업어음할인 등)을 함께 열거하고 있다.

◇ '대출'과 '여신', '신용공여'를 영어로 옮기기가 매우 애매하다. 실제 외국의 금융 관련 서적에서도 「대출」은 'loan'으로 쉽게 정의하는 반면, 여신이라는 개념은 정확히 매칭되는 단어를 찾기 어렵다. 국내 포털 및 다수 서적에서는 「여신」을 'credit', 'facility' 또는 'financing'으로 옮겨 적는 한편, 「신용공여」라는 개념은 '(credit) exposure', 'granting credit'라는 단어로 대체하기도 한다. 국외에서 학위를 취득하는 과정에서 네이티브들과 소통하였던 필자의 경험으로는, 영어식 표현에서의 어떠한 단어도 우리말의 '여신' 또는 '신용공여'를 정확히 대체하기는 어렵다고 생각한다.

개인(신용)대출

■ 기본 로직

개인신용대출이란, 사업자등록증을 보유하지 않은 개인에 대한 대출로서, 부동산 등의 담보를 제공받지 않고 그 객체가 보유한 고유의 신용에 근거하여 자금을 대여하는 것을 통칭한다. 개념은 단순하지만, 각 금융기관별로 최소 수십 개에서 많게는 백 개가 넘는 개인신용대출상품을 보유하기도 하는데, 이는 모든 개인이 고유의 신용도를 가지기에, 은행이 고객 군을 자체의 기준으로 설정한 후 이를 대상으로 전략적으로 상품을 구성하여 판매 후, 새로운 상품을 지속적으로 창출하고 있기 때문이다. 이렇듯 시장에 범람하는 수많은 신용대출상품이 있음에도 불구하고, 개인대출로서의 신용대출 한도는 금융기관별로 크게 다르지 않은데, 그것은 대부분의 대출이 급여소득자의 연간근로소득을 기초로 산정되는 신용대출 한도와, 사업소득자의 사업소득 또는 전문적인 직업군의 신고소득(종합소득)을 통해 산출된 신용대출 한도에 개입되는 변수가 제한적이기 때문이다.

▣ 급여소득자의 대출한도

우선, 급여소득을 보유한 자(이른바 직장인)에 대한 신용대출을 살펴보자. 사실, 검증이 가능한 근로소득 정보와 직장정보, 그의 실명번호만 있으면 대략 1분 이내에 신용대출한도가 산출될 수 있다. 이는 대부분 신용대출 한도 산출로직이 다음과 같이 매우 단순한 로직에 근거하기 때문이다.

◇ **개인신용대출의 일반적인 한도 :**
[연소득] × 일정배수(1~2배) - 기존 금융기관 신용대출[5]

즉, 고정소득(근로소득, 사업소득)의 일정 배수를 기본적으로 감당 가능한 신용대출 한도로 보되, 이미 금융기관 등을 통해 수혜 중인 가계 신용대출 한도를 차감하여 적정 대출한도를 산정하는 로직이다. 금융기관별로는, ① 신용등급별로 소득의 몇 배를 기본한도로 할지 ② 기존 금융기관 차입금을 어떻게 차감할지(한도여신의 경우 잔액만을 고려할지, 사업자대출 또는 연대보증한도액을 고려할지) ③ 명시적 고정소득이 없거나, 여러 개의 소득이 있는 경우 기본소득을 어떻게 적용할지 등에 있어, 차별적 로직을 선택함에 따라 각 기관별 대출한도가 조금씩 달라지는 것이다.

---

5)   개인이 금융기관 등에서 연대보증한 경우, 해당 보증한도를 추가로 차감하기도 한다.

과거, 은행 지점장 등의 전결로 대출한도를 산정하던 시절에는 연대보증인의 숫자 등을 감안하여 기본한도와는 별개의 임의적 한도를 추가로 공여하는 경우가 있었는데, 현재 대부분의 금융기관에서는 시스템에 의해 공평하게 산출되는 대출한도 산정로직을 적용하기에, 지점장 등에 의한 임의한도 부여는 쉽지 않은 것이 현실이다.

■ 기본 로직의 한계와 변형

언급했듯이 실무적용과 연관된 중요한 이슈는, 다음과 같은 것이 있는데 실제로는 매우 중요한 요소로서, 산정된 대출한도의 금융기관별 가변성을 설명해 준다.

▶ 연소득 산정의 이슈(사업소득과 종합소득)

매출액과 이익 규모가 객관적 서류상 명시된 법인기업과 달리, 개인의 연소득을 산정하는 것은 의외로 어려운 영역이다. 단순히 근로소득만을 보유한 급여생활자만을 고려한다면, 쉬운 영역이라 하겠지만, 실제로 다수의 개인은 다음과 같이 다양한 소득을 보유한다.

(소득세법) 종합소득의 범주와 확인방법

◇ 종합소득
'종합소득'이란 이자소득, 배당소득, 사업소득, 근로소득, 연금소득, 기타소득 등 6가지 소득을 통칭하며, 이들을 모아 종합과세하여 산출된 세액을 종합소득세라 한다. (출처 : 소득세법 제4조)

◇ 소득금액증명원(세무서 또는 홈택스 발급)
사업소득, 근로소득 등 종합소득 규모를 확인하는 용도로 '소득금액증명원'이 주로 활용된다. 개인의 종합소득 신고 기간이 매년 5월 말임을 고려한다면, 최근연도 소

  여기서 열거한 6가지 소득구분 중 실무적으로 이슈가 되는 항목은 '사업소득'이라 할 수 있다. 이는, 사업소득(블로거, 유튜버, 작가, 프리랜서 등의 경우에도 계속적 & 반복적 성격의 소득이 발생하는 경우 '사업소득'으로, 비반복적 소득의 경우 '기타소득'의 항목으로 신고해야 함)을 보유한 근로소득자가 가계대출(주택구입자금대출 등)을 신청하는 경우에도 그렇지만, 사업소득만을 보유한 개인사업자가 사업자금조의 대출을 신청하는 경우에 더 이슈가 된다. 왜냐하면 통상의 사업소득은 세무 당국에 신고한 자료를 기반으로 산출되나, 사업자가 세무서에 신고한 소득과 실제 소득과의 괴리가 발생하는 것이 현실이고 이러한 괴리를 얼마나 현실적으로 반영하는지가 사업소득 보유자에 대한 신용조사의 관건이라 하겠다. 또한, 주택임대소득과 금융소득(이자소득, 배당소득)은 각각 2천만 원까지 분리과세가 가능하기에, 종합소득신고금액과 별도로 다시 합산해야 하는 등 복잡한 세무체계와 이론을 전부 이해하지 않는 한 여러 소득을 보유한 개인에 대한 소득 규모를 정확히 가늠하기는 매우 어려운 영역이라고 보는 것이다.

  한편, 사업 규모가 작은 사업소득자의 경우에는, 간이과세자도 있고 세금계산서 발급이 면제되는 경우도 있으니, 이러한 세무상 신고체계를 이해하는 것도 사업소득의 실질적 파악에 도움이 될 수 있을 것이다.

[참고] 사업자 구분(부가가치세 부과의 측면)

구분	과세구분	내역	비고
부가세 과세	일반과세자	1년간 매출액이 8천만 원 이상	공급가액의 10% 과세
	간이과세자	1년간 매출액(공급대가)이 8천만 원 이상(간이과세 배제업종 제외)	공급대가[6]에 부가가치율 적용 후 10% 납부
부가세 면세	면세사업자	특정 재화/용역 공급 시 부가세 납세의무 면제	-

* 소득세법 참고(필자가 일부 수정)

▣ 연소득 산정의 이슈(추정소득)

개인의 연소득을 확인하는 경우, 증빙소득[7]이 있는 경우에는 해당 자료를 통해 확인 가능한 소득을 활용하지만, 그렇지 않은 경우에는 다음과 같은 방식으로 연소득을 추정할 수 있다. 다만, 이 경우에도 정확한 연소득과는 차이가 생길 수 있음을 감안해야 한다.

[참고] 규제비율 적용 시 소득의 종류 및 산정근거 서류

구분	개념	확인 가능 서류	추정로직
인정 소득	공공기관 발급자료로 추정한 소득	국민연금 납부내역[8]	연간 연금보험료 납부액/연금 보험요율
		건강보험료 납부내역[9]	연간건강보험료(장기요양분 제외) 납부액/건강보험요율

---

6) '공급가액'에 '부가세'를 합한 금액이 '공급대가'이며, 간이과세자의 과표로 사용된다. (일반과세자는 '공급가액'이 과세표준이 됨)

7) 공공성을 가진 기관에서 발급하거나, 객관성이 확보된 소득자료, 근로소득원천징수영수증, 사업소득원천징수영수증, 소득금액증명원, 급여명세표, 연금증서 등을 의미한다.

신고 소득	제출한 자료로 추정한 소득	임대소득	금융기관별 별도 추정기준
		금융소득	금융기관별 별도 추정기준

▶ 차입금 추정 이슈

소득을 기반으로 산출된 신용공여한도에서 기존 차입금 규모를 어떻게 차감해야 하는지가 또 다른 이슈가 될 것이다. 이때, 차감해야 하는 차입금은 '(개인이 수혜한)신용대출'로 보아야 하며, 이점에서 문제가 발생한다. 즉, 해당 개인이 사업운영과 관련하여 수혜한 사업자대출, 또는 임의단체(예 : 종친회, 동창회, 교회 등)의 대표로서 수혜한 차입금, 또는 공동사업자의 대표로서 수혜한 차입금처럼, 순수 개인의 자격이 아닌 상태에서 수혜한 대출금[10]을 어떠한 방식으로 포함시킬지 및 기술적으로 추출해 내는 과정의 정확도와 관련된 사항이다. 특히, 공동사업자 형태의 개인사업자가 사업자대출을 받은 경우, 대표 차주로 제시된 1인 앞으로 집중하여 대출을 취급하는 경우가 흔한데, 이러한 경우 해당 대출을 실질에 맞게 정확히(안분하여) 반영하기 어려운 점도 존재한다. 여기에 더하여, 집단대출의 성격으로서 공동으로 수혜한 중도금대출, 이주비대출 등 특수대출의 포함 여부도 이슈가 될 수 있

---

8) 연금보험료 납부총액을 소득연도 연금보험요율로 나누어 연간소득을 추정하는 방식.

9) 월납입 건강보험료를 해당년도 건강보험료율(2022년도 고시율 : 6.99%)의 1/2로 나누어 월 환산소득을 산출하는 방식이다. 예를 들어, 건강보험료 월 10만 원 납부 시 월환산소득은 2,861,230원(100,000 ÷3.495%)으로 추정되는 것이다.

10) 실제, 개인이 개인사업체를 운영하면서 교회, 종친회 등 임의단체 대표로서 수혜하는 사례가 적지 않다. 또한, 공동사업자(개인사업자로서 공동 대표로 신고/운용하는 경우)의 경우에 특정 대표자 앞 대출이 취급됨에 따라, 명목상 채무자가 아닌 또 다른 (공동) 대표자의 채무는 '0'으로 산정되는 등의 한계가 존재한다.

다. 나아가, 개인대출을 수혜하는 과정에서 일부는 담보부대출로, 일부는 신용으로 취급한 대출을 어떻게 포함하는지에 따라 기존 차입금의 수치가 크게 변동될 수 있는 것이다.

CSS(Credit Scoring System)

■ CSS(Credit Scoring System, 개인신용평점시스템)

대부분의 금융기관이 대출 신청 후 즉시 한도를 산출할 수 있는 이면에는, 각 기관이 미리 설계한 CSS 기반 대출한도 산출 프로그램이 존재한다. 「CSS」는 신용정보제공기관(Credit Bureau)[11]에서 기본적으로 제공하는 공통의 CB정보를 뼈대로 하되, 각 금융기관에서 자체적으로 누적한 정보와 차별화된 로직을 결합하여 설계된 개인신용평가시스템이다. 본 시스템은, 각 개인별로 차용한 금전 또는 신용공여를 정해진 기한 내에 상환할 수 있는지의 능력을 가늠하기 위한 용도로 설계되며, 금융기관별 적용되는 기본 로직은 대체로 유사하나 활용하는 정보의 '양(quantity)'과 질(quality)에서 차이가 발생하며, 각종 정보의 가공 및 전산화 단계에서의 고도화 여부에 따라 시스템의 완성도가 결정될 것이다.

---

11)   NICE평가정보, KCB(올크레딧)

개인별 직장정보, 소득현황, 자산현황, 금융기관 거래정보, 신용행태 정보 등을 종합적으로 평가하여, 개인의 종합 신용평점을 산출하는 기본 시스템으로, ① 신용정보기관의 기본 CB정보와 ② 개인이 해당 금융기관의 대출 상담 및 신청과정에서 작성한 인적사항과 직장정보, 소득현황, 자산현황 등 신용과 관련된 각종 정보를 바탕으로, ③ 항목별로 점수화한 후 이를 등급화하는 방식으로, 대출 가능 여부와 대출한도를 산정하는 로직을 의미한다.

한편, 은행별 CSS시스템[12]을 통해 자동 산출된 점수와 등급을 그대로 적용하기도 하지만, 실제 개별대출의 승인과정에서는 추가적인 정보가 가감되기도 한다. 예를 들자면 다음과 같은, 정성(定性)적 정보가 개입될 수도 있는 것이다. 일부 자료는 금융기관의 자료 획득 노력 정도 및 제출 서류를 판별하고 정보를 가공하는 기술에 따라 중요하게 활용된다. 대출을 받는 자 입장에서 가볍게 작성 또는 제출한 자료가, 대출 결정과정에서 의외로 중요하게 작용할 수 있는 항목이라 하겠다.

[참고] 정성(定性) 정보의 예

구분	점검항목	내역	정보 원천
신용 패턴	일반 신용패턴	단기 연체이력(대출, 신용카드 등)과 패턴, 다중 채무 여부, 최근 대출 증가 이력	해당 은행 자체 정보, 개별 상담 정보, 신용정보원 정보
	기타 신용패턴	현금서비스, 카드론 사용 이력과 패턴	CB정보, 각 기관별 정보

---

12) 사실, 은행의 대출 담당자도 CSS가 어떻게 설계되어 개인별 등급이 산출되는지 정확히 알기 어렵다. 이는, 수백 개의 개별 정보를 어떠한 방식으로 가공하여 함수화하는지와 관련하여, 은행별로 다양한, 고유의 전산 로직이 사용되기 때문이다.

직업 정보	직업의 종류와 이력	사회적 안정성	상담자료 및 제출자료
		잦은 이직 여부	
		근속연수	
개인 신상 정보	가족 형태, 자녀, 주거 형태	연령	주민등록 관련 서류, 상담자료
		자녀 여부	
		자가 여부	
자산 관련 정보	보유 부동산 규모, 관련 정보	순자산 규모	상담자료 및 제출자료, 금융기관 자체 발급자료
		자산 유형, 자산 관리 패턴	
		보유재산 권리침해 이력, 근저당권자 유형 등	

■ CB정보와 신용등급의 종류

신용거래를 하는 대부분의 개인[13]은 자연스럽게 본인의 신용도를 가늠하게 될 다수의 신용행태와 신용이력을 남기게 된다. 대한민국의 CB사에서는 이러한 행태와 이력 데이터를 활용하여, 다음의 로직으로 각 개인의 신용도를 평가하여 '개인신용평점'을 산출하게 된다. 보통 1천 점을 만점으로 결정되는 개인신용평점[14]은 '향후 1년 내 90일 이상 장기연체 등 신용위험이 발생할 가능성을 수치화'한 지표라 정의된다.

---

13) 미성년자 또는 신용정보가 없는 자는 제외하는 것으로 알려진다.
14) 기존 등급제(10등급)로 고시되던 개인신용평가가 2021년 이후 점수제(최대 1,000 점)로 전환된 바 있다.

[정리] 대표 CB사[15] 개인신용평점 산출로직(NICE평가정보 기준)

평가요소	세부 내용 (개인신용평점 주요 평가요소)	정보의 원천[16]
상환이력 정보 (채무 불이행 정보 등)	◇ 현재 연체 및 과거 채무 상환 이력 · 장기연체(3개월 이상 연체) 발생(▼) · 단기연체(5영업일, 10만 원 이상) 발생(▼) · 연체해제 여부 및 해제 후 일수	은행, 카드사 등 금융기관이 한국신용정보원에 집중한 정보 및 CB사가 각 회원사(금융기관 포함)로부터 직접 수집한 정보
부채수준 (대출, 카드 및 보증채무)	◇ 채무 부담 정보(대출 및 보증채무 등) · 고위험대출 등의 발생(▼)과 대출금 상환(▲) · 보증의 발생과(▼) 해소(▲)	〃
신용거래 기간 (대출, 카드)	◇ 신용거래 기간(최초/최근 개설로부터 기간) · 신용거래(대출, 카드) 기간 경과 시(▲)	〃
신용 형태 정보 (대출 및 카드 이용형태)	◇ 신용거래 패턴(체크/신용카드 이용정보) · 신용/체크카드 사용 개월(▲), 사용금액 적정(▲) · 과다할부, 현금서비스 사용(▼)	〃
기타 비금융정보	◇ 증빙소득('소득금액증명' 제출 시) ◇ 비금융거래(통신요금 등) 성실 납부실적	개인이 일상생활에서 남긴 기본 생활 패턴

* 출처 : NICE평가정보 개인신용등급 체계(RK0600) 공시

---

15) 국내를 대표하는 양대 CB사로 NICE평가정보, KCB가 존재하며, 평가요소는 매우 유사하나, 각 요소별 적용비중은 조금씩 달리하고 있다.

16) 일반고객군과 장기연체군의 평가요소별 적용비중이 달라지며, 장기연체군의 경우 상환이력 정보와 부채수준의 비중이 상대적으로 높은 것으로 알려진다.

▶ 개인신용평점의 활용 범주

점수제로 전환되어 고시되는 개인의 신용평점은, 각 금융기관의 CSS를 통해 개별 신용등급 산출과정에 활용되는 한편, 신용카드 발급 가능 기준(개인신용평점 상위 93% 등) 및 서민금융상품 지원 대상 등의 결정 근거로 활용되고 있다.

[정리] 금융법령 관련 신용평점 기준 예시(2022. 4. 1. 기준)

항목	법령근거	기존(등급제) 기준	(현행) 기준점수
중금리대출 시 신용공여한도 우대	상호저축은행 감독규정 외	4등급 이하	개인신용평점 하위 50%
서민금융상품 (햇살론 등) 지원 대상	서민금융법 고시 외	6등급 이하	개인신용평점 하위 20%
구속성 영업행위 금지	각 업권별 감독규정 외	7등급 이하	개인신용평점 하위 10%

* 항목별 경계인 기준점수는 변동 가능하므로, 금융위원회 별도 고시내역 등을 참고.

■ 개인대출의 심사와 DSR 규제

개인대출의 심사로직은 사업자대출(기업대출)에 비해 심플한 편이다. 즉, 신청인의 연소득을 기준으로 하되 기존 금융기관 차입금의 규모를 차감하여 신청한 대출을 감당할 수 있는지를 따지는 1차 함수($y = ax - b$)로 요약되며, 대부분의 금융기관에서는 미리 정해 둔 알고리즘(CSS)을 적용하여 매우 표준화된 심사가 이루어지고 있다. 여기에, '개인별 소득' 대비 '연간 원리금 상환액'의 비중을 따지는 'DSR 지표'가 실무에서는 매우 중요한 의미를 갖는다. 금융 당국의 DSR 규제는 적용범위가 계속 확대되고 있고, 주택담보대출은 물론 개인신용대출에도 적용되는 범용적 규제로서 강력한 위력을 발휘하고 있다. 본 DSR 의 정확한 의미와 산출기준은 다음의 주택담보대출 편에서 자세히 살펴볼 예정이다.

I-2. 주택담보대출과 주요 금융 규제

주택담보대출 개념 및 취급기준

■ 주택담보대출의 개념

　서구의 전형적 모기지론(mortgage loan)[17]과는 달리, 우리의 '주택담보대출'은, 순수한 의미의 '모기지론(주택구입 목적 주택담보대출)'은 물론 이미 보유 중인 주택을 담보로 하는 '생활안정자금 목적 주택담보대출'을 포함한다. 때로는, 주택 구입 관련 집단성대출(중도금대출, 잔금대출, 이주비대출)까지도 아우르는 넓은 개념이다. 각 금융기관별로 다양한 주택담보대출상품을 운용하고 있음에도 불구하고, 각 대출상품이 가지는 변별력은 의뢰로 크지 않다. 주택가격 안정이라는 정책 목표를 위해 금융 당국에서 제시하는 공통기준(개인의 소득에 연동하여 주택가격 대비 대출한도를 통제하는 방식의 부동산 대책)의 틀을 벗어나기 어렵기 때문이다.

---

17)　미국의 모기지론은, 크게 일반은행 또는 모기지전문회사가 융지하는 '컨벤셔널론'
　　　(Conventional Loan = 일반 보기지론)과 '정부보증 모기지론'이 존재한다.

[참고] 주택담보대출 규제 관련 용어 정리 ①[18]

주요 용어		개념
주택담보대출		◇ 주택을 담보로 취급하는 가계대출을 포괄 ◇ 다음의 대출 포함 * 분양주택 중도금대출 및 잔금대출 * 주택 이주비대출, 분담금 관련 중도금/잔금대출
	주택구입 목적 주택담보대출	◇ 소유권 보존 등기 또는 소유권 이전 등기일로부터 3개월 이내에 그 주택에 대해 실행된 주택(주택 관련 수익증권을 포함)을 담보로 한 대출
	생활안정자금 목적 주택담보대출	◇ "주택구입 목적 주택담보대출" 외의 목적으로 실행되는 주택담보대출

[참고] 주택담보대출 규제 관련 용어정리 ②[19]

주요 용어	개념
수도권	◇ 서울특별시, 인천광역시 및 경기도
서민 · 실수요자	◇ [투기지역 및 투기과열지구] ① 부부 합산 연소득 8천만 원(생애최초구입자 9천만 원) 이하, ② 주택가격 6억 원 이하, ③ 무주택 세대주 등의 요건을 모두 충족하는 경우 ◇ [조정대상지역] ① 부부 합산 연소득 8천만 원(생애최초구입자 9천만 원) 이하, ② 주택가격 5억 원 이하, ③ 무주택세대주 등의 요건을 모두 충족하는 경우
청년층	◇ 만 40세 미만 무주택 근로자
고가주택	◇ 시가 9억 원을 초과하는 주택
초고가아파트	◇ 시가 15억 원을 초과하는 아파트

---

18) 출처 : '은행업감독규정 별표 주택관련담보대출에 대한 리스크관리기준' 및 '상호저축은행업감독규정 별표 주택관련담보대출에 대한 리스크관리기준'.

19) '서민', '청년층' 등 일반적인 사전적 정의와 다름에 유의해야 한다. 용어별 개념은 은행업감독규정 〈주택관련담보대출에 대한 리스크관리기준〉 등을 따른다.

■ 금융 당국의 주택담보대출 리스크관리

국내의 은행은 주택담보대출 취급 시, 상위법규(은행법 제34조 등)에 따라 경영의 건전성 유지를 위해 주택담보대출 취급 및 만기연장에 대한 제한 기준을 준수하여야 한다. 담보인정비율(LTV) 및 총부채상환비율(DSR)의 산정방법 및 적용 대상의 세부 판단기준, 주택담보대출 등의 취급 및 만기연장 제한 등과 관련한 세부적인 사항은 금융감독원장이 은행업감독규정(제29조의2 주택관련담보대출에 대한 리스크관리) 등에서 정하고 있다.

▶ LTV(Loan To Value) 및 DTI 규제

다음은 금융 당국의 대표적 규제 항목으로 지역별 LTV 및 DTI 규제 내역이다. 본 비율지표는 금융기관 직원에게도 중요하지만, 주택의 구입을 희망하는 일반 금융소비자도 꼭 알아 두어야 할 핵심개념이다.

[참고] 지역별 LTV/DTI 규제(주택, 1주택자[20] 기준) ☞ 기준일 : 2022. 7. 1.

규제기준	투기지역/투기과열지구		조정대상지역		기타지역
LTV	9억 이하	40%	9억 이하	50%	70%
	9억 초과	20%	9억 초과	30%	
	15억 초과	0%	15억 초과	0%	
DTI	40% (다주택자 30%)		50% (다주택자 40%)		적용 배제 (단, 수도권 아파트는 60%)
DSR*	40%(1금융권 기준, 총대출 1억 초과시)				

* 서민, 실수요자 등은 별도 가산 기준 운용

---

20) 무주택자가 주택 1채를 구입하거나, 1주택자가 기존 주택에 대한 매매계약체결 후 계약금 징수 사실을 입증하는 경우 1주택자로 간주된다.

[참고] 미래의 LTV, DTI, DSR[21]

◇ 주택과 관련한 금융 규제는, 주택의 수급현황 및 정치권의 동향에 따라 계속해서 변동될 가능성이 높은 영역이다. 따라서 주택의 소재지별로 계속해서 변경되는 규제지역 해당 여부와 적용비율을 계속 업데이트할 필요가 있다.

부동산 소재지	LTV	DTI	DSR
	%	%	%

[주택 규제지역[22][23] 정리]

종류	투기지역	투기과열지구	조정대상지역
개념	◇ 주택가격 상승률이 소비자물가 상승률 대비 높은 지역으로, 부동산 가격이 급등했거나 급등 우려가 있는 지역	◇ 주택가격 상승률이 물가 상승률 대비 현저히 높아 주택 투기행위가 성행할 우려가 있는 지역	◇ 3개월 주택가격 상승률이 소비자물가 상승률 대비 현저히 높거나, 청약과열 우려가 있는 지역
제정 취지	◇ 투기억제 (상승지역 과세 강화 및 금융 규제)	◇ 주택가격 안정 (청약/공급 등 주택시장 자체 규제)	◇ 청약 등 주택시장 과열 방지 (청약 관련 내용 집중 규제)
소관 부처	◇ 기획재정부장관 (소득세법)	◇ 국토교통부장관 또는 시도지사 (주택법)	◇ 국토교통부징관 (주택법)

---

21) 이 책이 출간되는 시점에는, 새로운 LTV, DSR 지표가 고시되었을 가능성이 높다. 따라서, 인터넷이나 신문기사를 확인하여 업데이트된 비율지표를 확인해야 한다.

22) '규제지역'이라 함은 '투기지역', '투기과열지구', '조정대상지역'을 포괄한다.

23) 규제지역 소재 주택에 대해서는 가계대출 외에도 사업자대출(개인사업자, 법인대출)에서도 규제 사항이 존재한다. 예를 들어, 주택임대업자의 경우 아파트 등의 담보대출이 제한되며, 일반업종 영위 사업자의 경우 주택구입조 담보대출에 적용되는 LTV가 0%로 규제(사실상 취급금지) 되고 있다.

규제 내역	◇ 양도세 가산세율 ◇ 주택담보대출 건수 　제한(세대당 1건) ☞ 주로 돈과 관련한 금융 　규제가 적용	◇ 가계대출 : 2주택자 　LTV 규제, LTV/DTI 제한 ◇ 사업자대출 : 주택구 　입목적 신규 주택담보 　대출 금지 외	◇ 양도소득세 중과 ◇ 1순위 청약 자격 강화, 　분양권 전매제한 ◇ 자금 조달계획서 제출

▷ LTV(Loan To Value)

　주택담보대출의 취급에 있어 가장 우선적으로 적용되는 개념이자, 금융기관 간 대출한도의 변별력을 저해하는 절대적 가이드라인이다. 즉, '대출 가능 한도'로서의 Loan To Value("대출 가능 비율", 주택의 가치 대비 대출을 수혜할 수 있는 최고한도)이다. 금융 당국이 정책적(은행업감독규정)으로 결정하며, 주요 신문이나 방송에서 언급하는 LTV가 바로 이 개념이다. 주택의 투기수요 억제 및 시장 안정화 용도로도 사용되어 왔는데, 최근에는 비주택부동산 담보대출 규제로 적용범주가 확대되고 있다.

[참고] 주택 외 부동산에 대한 가계대출 LTV 규제

종류	비주택부동산 담보대출(가계 차주)	토지거래허가구역 내 비주택[24] 부동산 담보대출(가계 차주)
개념	◇ LTV : 70% 이내	◇ LTV : 40% 이내
비고	◇ 담보인정비율 산정 기준 　: (비주담대금액 + 선순위채권 + 임차보증금, 소액임차보증금) ÷ 담보가치	

---

24) 토지, 상가, 오피스텔 등.

▶ DTI와 DSR

정부의 주택담보대출 규제는, 점차 강화되는 한편 복잡해지고 있다. 즉, 단순한 주택가치 대비 대출 가능 한도 비율인 'LTV(Loan To Value)'로 대표되던 한도 규제에, 개인별 소득을 감안한 'DTI(Debt To Income)'가 가미되어 이중 통제가 시작되었고, 현재는 '소득'과 '상환능력'을 가미한 DSR(Debt Service Ratio)이 가장 강력한 규제 지표로 활용되고 있다. 본 DSR 지표는, 주택담보대출은 물론 일반담보대출 및 신용대출 등에도 적용되는 매우 '포괄적'이고 '범용적'인 규제 지표라 할 수 있다.

[정리] 가계대출 금융 규제 지표

용어	해석	개념	공식
LTV (Loan To Value Ratio)	(주택) 담보 인정 비율	◇ (주택)가격에 비해 (주택)담보대출금액의 비중이 어느 정도인지를 보여 주는 비율로, 은행의 (주택)담보대출 취급 및 한도를 산정하는 중요한 기준임. (예) 감정가 10억, 대출금액 4억, 선순위채권 1.5억, 본인 거주 (소액보증금 5천만원) → LTV 60% (=6억[4억+1.5억+0.5억]/10억)	▶ (대출금액 + 선순위채권 + 임차보증금)/Value(부동산 등 담보의 가치)

---

25) 2022년 1월 이후 신용대출은 만기를 5년(기존 7년)으로, 비주택담보대출은 8년 (기존 10년)으로 가정하여 연간 상환원금을 추정해야 한다.

DTI (Debt To Income)	총부채 상환 비율	◇ 주택담보대출 신청 시 급여소득(급여생활자) 또는 사업소득(자영업자)을 감안해 대출한도를 정하고자 마련된 지표 ◇ 주택담보대출의 연간 원리금 상환액과 기타 부채의 연간이자 상환액의 합을 연소득으로 나눈 비율로, 대출자의 상환능력을 엄격히 평가 하는 지표 (예) 주택대출 3억(20년, 연간 원리금 21백만 원), 신용대출 5천만 원(연간 이자 2백만 원), 연소득 6천만 원 → DTI 38.3%(= 23백만/60백만)	⇨ (당해 주택담보대출의 연간 원리금 상환액 + 기타 부채의 연간이자 상환액)/연소득 (증빙, 인정, 신고 소득)
DSR (Debt Service Ratio)	총부채 원리금 상환 비율	◇ 총대출 (원리금) 상환액이 연간 소득액에서 차지하는 비중을 나타내는 대출 상환능력 지표 ☞ DSR은 신용대출, 예금담보대출, 카드론 등 모든 대출의 원금과 이자를 합산한 원리금 상환액을 기준으로 대출 상환능력을 심사 (예) 주택대출 3억(20년, 연간 원리금 21백만 원), 신용대출 5천만 원(연간 이자 2백만 원, 연간상환액 환산 10백만 원[25]), 연소득 6천만 원 → DSR 55.0%(= 33백만/60백만)	⇨ 금융기관 총대출 연간 원리금 상환액/연소득 (증빙, 인정, 신고 소득)

■ 정부 지원 주택담보대출(서민 주택자금대출)

정부는 금융 규제를 통해 개인의 대출한도 등을 통제하는 한편으로, 무주택자 등 서민을 대상으로 하는 주택구입 지원정책을 병행하고 있다. 정부지원 주택담보대출은 은행 등 금융권의 주택담보대출 대비 다소 까다로운 조건을 감수해야 하나, 비교적 낮은 금리와 LTV 등 특례가 부여된 점은 큰 장점이라 하겠다. 따라서 본 정부 지원 주택담보대출 수혜 자격이 되는지를 우선 살펴본 후 일반금융기관 주택담보대출상품을 알아보는 수순이 권장된다.

[정리] 정부 지원 주택담보대출의 대표 유형(2022. 6월 말 기준)

구분	(주택마련) 디딤돌대출	보금자리론
개념	◇ 정부지원 3대 서민 주택구입자금을 하나로 통합한 저금리 정책대출 ☞ 주택도시보증공사(HUG) 소관	◇ 주택을 담보로 주택저당증권을 발행하는 방식으로 지원하는 장기 주택자금대출 ☞ 한국주택금융공사(HF) 소관
지원대상	◇ 연소득 6천만 원(부부 합산) 이하 ☞ 부부 합산 순자산 가액이 일정금액(2022. 6월 기준 약 4.58억 원) 이하	◇ 연소득(부부 합산) 7천만 원 이하 ☞ 무주택자 또는 1주택자
대상주택	◇ 공부[26]상 주택(오피스텔 등 제외), 전용면적 85㎡ 이하 ◇ 주택가격 5억 원 이하	◇ 공부상 주택(오피스텔 등 제외) ◇ 담보주택 평가액 6억 원 이하
대출한도	◇ 2.5억 원 (신혼, 다자녀 추가) * LTV : 최대 70%	◇ 3.6억 원(다자녀 추가) * LTV : 최대 70%
취급기관	◇ 은행 창구 또는 공사(HUG) 홈페이지로 신청	◇ 은행 창구 또는 공사(HF) 홈페이지로 신청

* 출처 : 한국주택금융공사, 금융감독원(주택담보대출가이드)

---

26) 공부(公簿) : 국가기관/관공서에서 작성·비치하는 장부로, 통상 건축물관리대장 또는 부동산등기부등본(공부사항전부증명서) 등을 의미한다.

각종 규제비율과 그 의미(DSR 외)

신문지상이나 방송에서 혹은 금융기관 직원과의 상담 시 흔하게 듣는 용어가 여럿 존재한다. 영문 이니셜로 사용되는 용어이기에, 그 의미를 정확히 구분하기 어렵고 실제로 금융기관 직원조차 정확한 산정 로직을 설명하지 못하는 경우가 있는데, 이는 제시된 공식 자체는 심플하지만 연소득을 추정하거나 금융기관 대출의 원리금을 산정하는 과정에서 특별한 로직[27]이 적용되기 때문이다. 다음에서는 기본적인 로직과 그 본래의 의미에 대해 설명해 보고자 한다.

■ DSR 규제 강화[28]

앞서 살펴본 바와 같이 'DSR'이란, 금융 당국이 가계부채 총량 규제 및 금융기관 건전성 유지를 목적으로, 대출 신청인의 소득을 기준으로 상환능력을 심사하는 지표이다. 정부의 「가계부채관리방안(2021. 4월)」 및 「가계부채관리강화방안(2021. 10월)」에 따라, DSR 적용기준이 점진적으로 강화되어 온 바 2022. 1월 이후 (주담대와 신용대출의 구분 없이) 총 대출을 기준으로 하는 DSR 규제가 시작되었고 2022. 7월부터는 총대출 1억 원(금융권의 모든 가계대출 합계)을 초과하여 받을 때 차주

---

27)   실제 DSR의 계산이 쉽지 않은데, 이는 원금상환액을 산정하는 기준이 여신별(예 : 일반담보대출 10년, 신용대출 7년, 중도금대출 25년)로 다를 수 있고, 전세자금대출, 예금담보대출 등 일부 대출과목은 부채의 산정에서 제외되기 때문이다.

28)   금융 당국의 DSR 규제는 주택담보대출은 물론 일반 신용대출에도 영향을 미치게 되어, 대출 수요자는 물론 금융기관 모두에게 늘 뜨거운 이슈이다. 다만, 부작용의 최소화를 위해 전세대출, 중도금대출, 서민금융상품, 보험계약대출 및 예적금담보대출 등 일부 예외(DSR 산정 시 제외되는 대출)를 두고 있다.

단위 DSR 규제(1금융권 은행 40%, 2금융권은 50%)가 적용되고 있다.

[정리] '차주단위 DSR' 단계적 도입 일정[29]

구분	기존	1단계	2단계	3단계
시기	-	2021. 7.	2022. 1.	2022. 7.
주담대	투기/과열지구 9억 원 초과주택	❶ 전 규제지역 6억 원 초과주택	총대출액 2억 원 초과 (❶/❷ 유지)	총대출액 1억 원 초과 (❶/❷ 폐지)
신용대출	연소득 8천만 원 초과 & 신용대출 1억 원 초과	❷ 1억 원 초과		

* 출처 : 금융위원회 보도자료

한편, 확대 시행(2021. 10월)된 「가계부채관리강화방안」에 따르면, 은행권 DSR 강화에 따른 풍선효과 방지를 위해, 2금융권에도 '차주단위 DSR' 규제를 강화(기존 60% → 변경 50%)하는 한편, 대출 산정 만기의 현실화 방안(대출항목별 대출기간 산정기준을 축소하여 DSR 수치를 낮추는 효과)을 동시에 시행하는 등, '상환능력 중심의 대출관행 정착'이라는 금융당국의 정책목표 이행을 위해, DSR 제도를 견고하게 활용하고 있다.

[참고] DSR 산정용 대출산정 만기 현실화

항목	기존(~2021년)	조정(2022년~)	비고
신용대출	7년	5년	강화
비주택담보대출	10년	8년	강화

---

29) DSR 규제 등은 금융 당국의 행정 제도로 우선 시행한 후, 관련 내용을 '(업권별) 감독규정 및 시행세칙'으로 반영하거나 업권별 '모범규준'을 개정하는 형태로 진행된다.

이러한 금융 당국의 가이드라인에도 불구하고, 가계부채의 증가 속도 및 정책적 필요에 따라 향후 새로운 가이드라인의 출현으로 기존의 규제 대비 강화되거나 완화될 수도 있어, 개인대출과 관련한 금융정책의 변동성은 자금수요자 또는 금융기관 모두에게 매우 중요한 이슈로 인식되고 있다.

[정리] 규제비율 적용 시 소득의 종류 및 산정근거 서류

구분	개념	확인 가능 서류
증빙 소득	공공성이 강한 기관에서 발급 하는 등 객관성이 확보된 소득확인자료	◇ 근로소득원천징수영수증 ◇ 사업소득원천징수영수증 ◇ 소득금액증명원 ◇ 급여명세표 ◇ 연금증서
인정 소득	공공기관 발급자료를 바탕으로 추정한 소득	◇ 국민연금 납부내역 ◇ 건강보험료 납부내역[30]
신고 소득	(증빙소득, 인정소득에 해당하지 않는 정보로) 대출 신청자의 제출자료를 통해 추정한 소득	◇ 임대소득 ◇ 금융소득 ◇ 신용카드 사용내역

[정리] '가계대출 가이드라인' 관련 주요 해석 기준

구분	설명
규제의 소급 기준	◇ 규제 신설 시 (기존 취급분은) 소급 적용하지 않음
'신규대출'의 의미	◇ 기존대출 증액, 재약정/대환, 채무인수 포함
'차주단위 DSR'의 의미	◇ DSR 관련 규제 중 '개별 차주'를 기준으로 산출된 DSR를 기준으로 규제하는 것으로, DSR 규제정책의 핵심 사항이다. * cf : '금융기관별 DSR' 규제(= 금융기관별 평균으로 관리되는 규제 방식)

---

30) 월 환산소득 = 월납입 건강보험료 ÷ 해당년도 건강보험료율 × 1/2

차주단위 DSR의 예외 적용 대상	◇ 중도금대출, 이주비대출 ◇ 서민금융상품 ◇ 전세자금대출, 보험계약대출 외

■ 주택을 담보로 하는 기업대출의 취급 제한

주택담보대출에 대한 DSR, LTV 규제가 강화되다 보니, 이러한 규제가 개인사업자로서 기업대출을 사용하는 경우에도 동일하게 적용되는지가 실무상 논점이 될 수 있다. 실제, 사업소득을 보유한 개인은 가계자금과 사업운영자금의 경계가 애매한 경우가 흔하고, 사업운영조로 수혜한 자금의 사용처가 진정한 기업자금인지를 일일이 따지기는 쉽지 않다. 이에 자금의 우회사용을 방지하고자, 은행업감독규정에서는 다음과 같이 (주택을 담보로 하는) 기업자금대출에 대한 규제를 명시하고 있다.

[정리] (기업대출) 주택관련담보대출에 대한 리스크관리기준(LTV)

구분	규제 내용
주택임대업자 및 주택매매업자의 기업대출 제한	◇ 은행은 주택임대사업자나 주택매매사업자 대상으로 해당 사업을 영위하기 위한 목적의 주택을 담보로 하는 대출을 신규로 취급할 수 없다.
규제지역 소재 주택을 구입하기 위한 기업자금 대출 제한 등	◇ 은행은 규제지역 소재 주택을 구입하기 위해 주택을 담보로 하는 기업자금대출을 신규로 취급할 수 없다. 다만, 다음 어느 하나에 해당하는 경우 예외적으로 대출을 취급할 수 있다. · 주택임대사업자 및 주택매매사업자가 주택을 구입하기 위한 목적의 대출(일정 요건 충족 필요) · 여신 심사위원회에서 불가피성 인정/승인한 경우 · 추가 대출 없이 잔액, 만기, 상환 방법을 변경하지 않고 상속 또는 채권보전을 위한 경매 참가 등을 통해 불가피하게 대출채무를 인수하는 경우

* 출처 : 은행업감독규정 '주택담보대출 리스크관리기준'

다만, 일반 업종을 영위하는 사업자가 기존 보유 주택을 담보로 하는 운전자금대출을 신청하는 경우에는 별도의 제약사항이 없는바, (기업자금으로 수혜한 자금의 가계자금 등으로의 유용행위를 방지할 필요가 있으므로) 기업자금 자금용도 점검 단계에서 금융기관 담당자의 건전한 상식과 신의칙에 기반한 분별력 있는 업무처리가 요구된다.

■ RTI와 LTI(개인사업자의 규제비율)

개인사업자 대출과 관련하여, 금융 당국 행정지도 기준으로 RTI와 LTI라는 것이 있다. 금융소비자의 입장에서는 다소 생소할 수 있으나, 금융기관 실무에서는 나름 중요한 의미를 갖는다. 금융위원회에서는 2018년 중 임대사업자 앞 무분별한 대출지원을 통제하기 위해 임대사업자(개인사업자)에 적용하는 새로운 행정 규제를 시행하는데 이것이 바로 'RTI(이자비용대비 임대수익 비율)' 규제이다. 한편, 개인사업자에 대해 소득 대비 적정여신 유도를 목적으로 고안된 'LTI(소득대비대출금액 비율)' 지표가 존재하며, 아직은 '가이드라인(여신 심사모범규준)'으로만 운용되나 점차 적용범주와 준수 이행 요구가 강화될 것으로 예상된다.

[참고] RTI vs LTI

지표	지표명	설명
RTI (Rent To Interest)	(임대료기준) 이자상환 비율	◇ 공식 : 연간임대수익 ÷ (대출금 × 이자율[31]) ◇ 부동산임대업자의 대출 가능 금액을 산정 시 적용하는 비율로서, 담보가치 외에 임대수익으로 어느 정도까지 이자상환이 가능한지 판단하는 지표 ☞ 가이드라인 : 주택 1.25×, 상가 : 1.50×

31) 변동금리인 경우, 적용금리에 스트레스 금리(약 1%)를 가산하여 산정한다.

LTI (Loan To Income)	소득대비 대출비율 (개인사업자 대출관리 비율)	◇ LTI 산정 방식 : 금융권 대출 총액[32](가계대출 + 개인사업 자대출)/연소득[33](영업이익 + 추가소득) ◇ 1억 원 초과 개인사업자 대출 시 산출을 해야 하며, 10억 원 이상 대출 취급 시 여신의견서에 (LTI 수준의) 적정성을 필수 기재

기타 개인담보대출

'개인 담보대출'이란, 개인별 신용도보다는 부동산, 예금 등 물적 담보를 취득(저당권, 질권 등)하여 담보부로 취급하는 대출을 의미한다. 사업자와 달리 개인이 제공하는 담보의 유형은 대체로 단순한 편으로, 주로 (본인 또는 제3자 명의) 주택, 상가, 토지 등을 담보로 제공하는 것과, 은행에 가입한 수신상품(예금, 적금, 신탁수익권)을 담보로 제공하는 유형이 주를 이루고 있다.

실무 경험상, 은행이 개인고객에게 취급하는 담보대출의 대부분은 '주택'과 '예금'으로 구성된다고 봐도 무리가 없을 듯하나, 개인 고유의 신용도보다는 주택 구입(분양)자를 대상으로 하는 집단성대출과 (임차인이) 미래에 돌려받을 임차(전세)보증금 등을 담보로 하여 취급되는 전세대출도 광의의 담보대출에 포함할 수 있을 것이다.

---

32) 금융권 대출 총액 : 전 금융권 개인사업자대출 + 가계대출을 합산한 금액(개인이 수혜한 주택담보대출 등을 포함)

33) 연소득 : 기장사업자의 경우 영업이익을 의미하며, 비기장사업자의 경우 소득금액증명원(세무서 자료) 또는 매출액을 기초로 한 자체 산출금액을 이용한다.

■ 집단성대출(집단대출)

최근 가계대출 규제 강화로 이미 분양이 완료된 주택 등을 기초로 진행되어 온 중도금대출의 취급이 제한되어 다수의 수분양자가 불편을 겪었다고 알려진다. 공동주택 관련 다수의 개인을 집단으로 접근하여 진행하는 주택 관련 대출로, '중도금대출'과 '이주비대출'이 있다. 개인이 (거액이 소요되는) 주택을 구입하는 과정에서 꼭 필요한 대출 유형이지만, 다수의 개인에 대해 공동의 요건으로 거액의 누적대출이 실행되는 특성상 금융 당국의 규제와 가이드라인의 영향을 크게 받게 된다.

[정리] 집단대출의 종류 및 내용

종류	설명
중도금 대출	◇ 신규 분양 아파트,[34] 오피스텔, 집합상가 등의 분양계약자를 대상으로, 중도금 납입을 목적으로 일정 자격요건(최저 신용등급, 불량정보 등 재자 등 제외)을 검증 후 금융기관의 일괄 승인방식으로 진행되는 대출 ☞ 주택 관련 중도금대출은 통상 HUG 보증(통상 80%) 및 건설사(시공사)의 연대보증 구조로 취급된다.
이주비 대출	◇ 재건축, 재개발사업의 추진 시 조합원의 이주자금을 지원하는 대출로, 보통은 시공사 등의 주선하에 (HUG 보증서를 담보로) 1금융권 은행에서 취급하며, 신축 아파트가 완공된 이후 잔금대출을 통해 상환된다. ☞ 투기과열지구, 조정대상지역 등 주택대출 규제지역에서는 이주비대출 한도 역시 제한된다.
잔금 대출	◇ 주택의 준공 및 입주 단계에서 분양대금 등의 납입잔금을 지원하기 위한 대출을 의미한다. ☞ 주택대출 규제지역 소재 주택은 LTV 등 금융 규제에 따라 잔금대출 최대한도가 결정되며, 통상 은행의 집단대출로 진행하나 개인별로 각각의 주거래은행을 통해 취급되기도 한다.

---

34) 근생시설, 지식산업센터의 경우에도 다수 수분양자를 대상으로 중도금대출이 취급되나, 주택 대비 분양성 및 입주위험 등 불확실성이 많아 1금융권 보다는 2금융권을 중심으로 취급되는 경향이 있다.

■ 전세자금대출

은행 및 금융권에서는 다양한 '일반 전세자금대출' 상품을 운용 중이며, 국민들의 안정적 주거생활을 지원하기 위한 정책대출로서 다양한 '정부지원 전세자금대출'도 존재한다.

우선, 금융권의 일반 전세자금대출은 통상 대상 주택의 주인(임대인)과 차주(임차인) 및 금융기관과의 3자 계약관계를 통해, 임차보증금을 간접적으로 담보 취득하는 구조로 진행된다. 이 과정에서 다소 번거로웠던 집주인(임대인)의 동의절차가 법무법인 등 대행기관을 통해 용이하게 진행되며 부동산의 권리행사와 관련하여 금융기관이 입을 수 있는 운영위험에 대해 권원보험[35]을 통해 통제하는 등 대출 프로세스가 점진적으로 체계화되어 가고 있다. 한편, 허위 전세계약을 근거로 대출 신청을 하여 부당대출을 수혜하는 등의 사기대출이 개입하기 쉬운 유형인 점은 금융기관 실무자가 유의해야 하는 항목이라 하겠다.

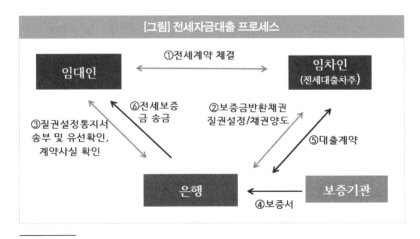

[그림] 전세자금대출 프로세스

---

35) 권원보험 : 부동산의 권리 행사에 문제가 생겨 권리자(금융기관)가 입게 되는 손실을 보상해 주는 보험이다.

> ❶ 임대인(집주인)과 임차인(차주)의 전세계약체결 및 전세대출 접수
> ❷ 은행은 보증권반환채권 질권설정 또는 채권양도
> ❸ 질권설정통지서 송부 후 유선확인(계약사실 확인)
> ❹ (보증기관은) 계약서와 권리관계 분석 후 보증서 발급
> ❺ 대출계약(은행과 임대인)
> ❻ 잔금일에 은행은 임대인 계좌로 전세보증금 송금

　반면, 정부지원 전세자금대출은, 취급한도가 다소 제한되어 나이와 혼인유무, 무주택 여부, 순자산 규모 등 다수의 제약사항이 존재하여 상대적으로 복잡한 대출 심의절차가 필요하나, 낮은 금리로 수혜가 가능하다는 장점을 보유한다. 따라서 전세자금대출이 필요한 금융고객은 상대적 저리상품인 정부지원 전세자금대출의 자격요건에 해당되는지를 우선 살펴보는 것이 일반적 수순이라 하겠다.

[참고] 정부지원 전세자금대출의 대표 유형(2022. 6월 말 기준)

구분	버팀목 전세자금대출	청년전용 버팀목 전세자금대출
지원 대상	◇ 나이제한, 결혼제한 없음	◇ 만 19~34세 이하 세대주
조건	◇ 무주택자(세대원 전원)	◇ 무주택자(세대원 전원)
소득/자산 요건	◇ 연소득 5천만 원(부부 합산) 이하 ◇ 순자산 일정 규모[36] 이하	◇ 연소득 5천만 원(부부 합산) 이하 ◇ 순자산 일정 규모[37] 이하
대상 주택	◇ 전용 85㎡(수도권, 도시지역) ◇ 수도권 임차보증금 3억 원(비수도권 2억) 이하	◇ 전용 85㎡ 이하 ◇ 임차보증금 1억 원 이하
한도	◇ 최대 1.2억 원[38](수도권 외 0.8억)	◇ 최대 0.7억 원(전세금 80% 이내)
기한연장	◇ 만기 2년(연장 가능)	◇ 만기 2년(연장 가능)

* 출처 : 주택도시기금

---

36)　2022년 기준, 3.25억 원 수준.

37)　2022년 기준, 3.25억 원 수준.

38)　2021. 12월 말 기준, 2자녀 이상 최대 2.2억 원까지 가능.

■ 예금담보대출

개인 등이 은행에 예치중인 예금 또는 적금, 신탁수익권 등을 담보로 취급하는 대출로서 금융기관의 입장에서는 회수 안정성이 확보되는 대출이다. 금융기관에 따라 약간씩 다르기는 하지만, 통상 예치금액의 100%까지 융자가 이루어진다. 예금담보대출과 관련하여 은행과 고객이 다툼이 생기는 대표적 영역은, 대출 금리와 관련된 것이다. 예금에서 창출되는 금리에 일정 가산금리(통상 1~1.5% 수준)를 적용하게 됨에 따라, 고객이 부담하는 금리차이에 대한 인식의 차이가 그 원인이며, 고객의 불만에는 나름 타당한 이유[39]가 있다고 판단된다.

이에 더하여, 은행의 예금담보대출에는 몇 가지 중요한 제한사항이 존재한다. 다음과 같은 유형이다.

예금담보 관련 규제

◇ 예금 가입 후 2영업일 이내 예금담보대출 제한
◇ (일정액 이상) 제3자 명의 예금 담보대출 시 자금용도 등 확인 의무
  * cf : **구속 행위 제한**[40](예 : 대출실행일 전후 1개월 내 1% 초과 예/적금 가입 금지)

상기 예금담보대출 규제 및 행정지도의 시행(2004년 시행)은, 예금 등을 활용한 자금유용이나 탈세의 이슈를 방지하기 위해 (금융감독원의 요청으로) 은행연합회작업반을 통해 마련된 가이드라인을 모든 은행

---

39) 특히, 은행 예 · 적금의 이자에는 통상 15.4%의 세금(소득세)이 원천징수 된다. 따라서 가입한 예금에 붙는 이자율과 대출이자율의 간극이 더 크게 느껴지는 것이다.
40) 금융소비자보호법상 규제(불공정영업행위)로, 금융소비자 관점에서 '부당성'이 인정되는 경우 위법사항이 발생할 수 있으며, 위반 시 거액의 과태료 부과 등 제재의 강도가 매우 강하다.

이 적용한 것에서 시작한다. 한편, 예금 등의 구속행위 금지기준은 은행의 무분별한 꺾기 행위를 방지하기 위해, 은행연합회 실무작업반에서 공동으로 마련하여 시행했던 '모범규준(Best Practice, 2008년 최초 시행)'이 시초가 되었고, 2021년 중 금융소비자보호법의 전격 시행으로 주요 내용이 법규로 편입된 바 있다.

기업대출의 개념과 심사방법론

[II-1] 기업대출의 개념과 종류

☞ 본 장의 내용 중, 기업대출의 종류나 자금용도의 심사기준은 1금융권인 은행을 중심으로 기술되었다. 2금융권에서도 관통하는 로직은 동일하나, 다소간의 제도적 차이를 감안해서 살펴봐 주시길 희망한다.

기업대출의 개념

■ 「기업대출」 ≒ 「사업자대출」

「기업(enterprise, corporate)」은 '이익'을 목적으로 제조, 판매, 서비스 등의 '사업'을 하는 경제의 기본 단위체로 정의되어, 협의의 기업대출은 영리기업만을 대상으로 접근하는 것이 일반적이다. 그러나 때로는 가계대출에 대응하는 개념으로서 확장된 기업대출의 범주가 존재하며, 이 경우 비영리기업 및 공공기관에 대한 대출을 포괄하기도 한다.

이러한 관점에서 조금 넓은 범주의 기업대출은 '사업자대출'이라는 개념으로 대체될 수 있을 듯하다. 즉, 일부 비영리법인 등이 사업소득을 보유함에 따라, '사업자'로 분류되는 경우도 있어, 사업자대출은 '공공 및 기타대출'을 포괄하기도 하는 것이다. '은행회계해설' 기준으로 은행의 대출상품은 통상 다음과 같은 3개의 카테고리로 구분된다.

[정리] 은행의 대출상품 분류(개념 참고 : 은행회계해설)

종류	개념	비고
가계자금 대출	개인의 생활안정자금, 주택자금, 기타 부업자금 등으로, 영리를 목적으로 하는 소요되는 자금이 아니며, 사업자가 아닌 개인에 대한 대출	-
기업자금 대출	'기업' 즉, 영리(이익)를 목적으로 개업(사업자 등록)하여, 사업을 영위 중인 자를 대상으로 운영자금 또는 시설자금 등을 지원하는 대출	사업자 대출
공공 및 기타자금 대출	공공기관, 의료법인 등 비영리단체 및 조합, 임의 단체, 권리능력 없는 사단 등에 대한 대출 ☞ 비영리단체 : 교육기관, 의료법인, 종교단체, 단체 및 협회, 조합, 재단법인 등으로 사업자등록번호 대신 고유번호가 부여되는 것이 일반적이다.	사업자 대출

■「사업자」의 개념

사업자대출의 주체로서 '사업자'의 개념과 범주는 의외로 정의하기가 애매한 측면이 있는데, 사업자의 범주를 다소 포괄적으로 기술하는 「부가가치세법」에서는 다음과 같이 정의하고 있다.

☞ "사업자"란 사업 목적이 영리이든 비영리이든 관계없이 사업상 독립적으로 재화 또는 용역을 공급하는 자를 말한다. (부가가치세법 제2조)

여신의 분류와 관련해서도, 상기 부가가치세법상 사업자의 정의를 인용하면 무리가 없을 듯 하다. 즉, '사업자'는 영리기업뿐 아니라, 재화와 용역을 공급하는 주체에 대한 포괄적 개념으로 접근하는 것이 무리가 없을 것으로 판단한다. 이러한 사업자에게는 공히 '열(10) 자리'의 사업자번호(또는 고유번호)가 부여가 되는데, 이 중 가운데 두 자리는 세무목적에 따라 다음과 같은 체계를 따른다.

[참고] 사업자 번호/고유번호 체계(개인, 법인 구분 코드 기준)

구분	번호 (개인, 법인 구분코드)	가능 서류	구분	비고
개인	01~79	과세사업자	사업자번호	기업자금
	80	개인으로 보는 단체, 법인 아닌 단체	고유번호	공공 및 기타자금
	89	법인 아닌 종교단체	고유번호	공공 및 기타자금
	90~99	면세사업자	사업자번호	기업자금
법인	81, 86, 87, 88	영리법인의 본점	사업자번호	기업자금
	85	영리법인의 지점	사업자번호	기업자금
	83	국가, 지자체	-	공공 및 기타자금
	84	외국법인 본/지점	사업자번호	기업자금
	82	비영리법인(본점/지점), 법인으로 보는 단체	고유번호 or 사업자번호	공공 및 기타자금[41]

---

41) 드물게, '82'코드를 부여받은 법인 중 사업자등록증이 발급되는 경우가 있다. 이 경우, 세부 자금용도 등을 고려하여 선별적으로 기업자금 분류가 가능할 수 있다.

이 표와 같이 모든 사업자에게는 사업자등록번호 또는 고유번호가 부여되며, 식별번호는 공히 10개(세무서코드 3자리 + 개인/법인 성격코드 2자리 + 5자리 숫자)의 아라비아숫자로 구성되어 있다. 통상 가운데 2자리('개인, 법인 구분코드')로 개인/법인 구분 또는 영리/비영리 구분이 가능하나, 특수한 사례(예 : 비영리단체가 수익사업을 하는 경우)도 간혹 존재하므로 이를 감안한 식별이 필요하다.

[참고] '고유번호'의 부여 근거(소득세법 제168조⑤항)

[⑤항] 사업장 소재지나 법인으로 보는 단체 외의 사단·재단 또는 그 밖의 단체의 소재지 관할 세무서장은 다음 각 호의 어느 하나에 해당하는 자에게 대통령령으로 정하는 바에 따라 고유번호를 매길 수 있다.
1. 종합소득이 있는 자로서 사업자가 아닌 자
2. 「비영리민간단체 지원법」에 따라 등록된 단체 등 과세자료의 효율적 처리 및 소득공제 사후 검증 등을 위하여 필요하다고 인정되는 자

기업대출(= 사업자대출)의 종류

사업자 중 영리법인을 중심으로, 기업대출의 개념과 종류에 대해 설명하고자 한다. 이에, 이후 등장하는 「기업대출」은 앞에서 살펴본 「사업자대출」과 동일한 개념으로 보아도 무방하다.

■ 기업자금대출의 분류

▷ 일반자금대출(General Loan)

'일반자금대출'은 은행회계해설 기준 정식 회계계정과목으로서, 널리 사용된다. 영어권에서도 흔하게 '제너럴론(General Loan)' 또는 '텀론(Term Loan)' 등 범용적으로 대출과목을 칭하는 개념이 존재한다. 은행회계해설에서는, 운전자금대출, 시설자금대출, 가계자금대출 각각의 계정과목 분류에 있어, 각각 '자금용도에 대한 특별한 제약이 없는 대출'을 '일반자금대출'로 정의함으로써, 다른 특정 대출과목에 속하지 아니하는 대출금 등을 통칭하는 개념으로 정리하고 있다. 이에, 차주의 유형에 따라 '기업운전일반자금대출' 또는 '기업시설일반자금대출', '가계일반자금대출'이라는 대표적인 대출 계정과목이 범용적으로 사용되고 있는 것이다.

▷ 운전자금대출금(Commercial Loan, Working Capital Loan)

운전자금대출은, 통상 기업을 운영하는 데 필요한 일반 운영경비, 원재료 구입비, 인건비, 기타 판매관리비 항목에 소요되는 자금 또는 특별히 용도가 특정되지 않는 대출을 통칭한다. 기업대출 실무와 관련해서는, '시설자금'으로 분류할 수 없는 용도의 자금은 모두 '운전자금'으로 간주해도 문제가 없을 것이다. 왜냐하면, 현행의 은행회계해설상 계정과목 분류기준으로 '운전자금'과 '시설자금'만이 존재하기 때문이다.

운전자금대출금과 시설자금대출금의 구분은 본래 자금의 용도에 따른 구분으로서 대출 기간의 장단과는 직접적인 관련이 없다. 운전자금은 기업을 운영하는데 필요한 원재료비, 인건비, 판매비, 세금과공과 등에 소요되는 자금으로 특별히 용도가 정해지지 않는다.

▶ 시설자금대출금(Loan For Facility, Facility Loan)

일반적으로 시설자금대출금은 사업장, 공장, 창고 등 업무목적의 유형자산의 취득 또는 건축, 설치에 소요되는 자금 또는 사업장 등의 임차자금을 대상으로 한다.

시설자금대출금은 제조업의 제품생산에 필요한 공장건물의 신·증축과 기계, 기구 및 설비의 구입·설치에 소요되는 자금을 대상으로 하는 최장 10년의 장기대출로 기업의 운영자금을 취급하는 운전자금과 구분하여 시설 관련 자금을 별도로 구분하여 계리하고 있다.

시설자금은 통상 10년 이내의 장기대출로 설계되며 거치 기간과 상환 기간을 구분하여 취급함이 원칙이나, 은행 실무에서는 3년 만기 일시상환방식의 시설자금도 흔하게 활용되고 있다. 이는, 실무적 편의성을 강조한 것으로 임대사업자의 사업장 구입자금조 시설대출이 크게 증가하면서 관행화된 측면이 있다. 이 경우, 최초 만기(3년)가 도래하여 대출 기간을 연장코자 하는 경우, (명목상 거치 기간이 종료된 것으로 보아) 일정금액을 내입하거나 분할상환이 가능한 구조로 설계하여 시설자금이 고정화되지 않도록 하는 것이 이론적으로 타당해 보인다.

▣ 기타 기업대출의 상품별 개념 정리

이 밖에, 기업이 이용하는 '결제성대출'과 외환거래 시 사용하는 '외화성대출'에 대해서도 개념을 정리해 보자.

[1] (기업의) 결제성대출

종류	개념	비고(일반회계처리)
구매자금 대출	물품 공급 및 세금계산서 발행 후 일정 요건을 갖춘 물품 공급기업(판매자)의 대금청구에 대해, 구매기업이 결제대금 지급에 따라 발생하는 대출	구매기업의 '차입금'으로 회계 처리
전자방식 외상 매출 채권 담보 대출	물품 공급기업(판매자)이 구매기업에 대해 보유한 외상매출채권을 담보로 은행에서 전자적으로 받는 대출 (매출채권 만기 도래시 구매기업이 대출금 상환)	공급기업(판매자) 기준 '차입거래' 또는 '매각 거래'로 회계 처리[42]
할인어음 (상업어음 할인)	물품 공급기업이 공급대가로 수취한 어음의 액면금액에서 만기일까지의 이자(할인료)를 차감한 금액으로 매입 시 처리하는 계정	(매각거래 요건 충족 시) 공급기업(할인 의뢰기업) 기준 '어음의 매각 거래'로 회계 처리
당좌대출	당좌예금 거래자가 일정 대출한도 내에서 당좌예금 잔액을 초과해서 발행한 어음/수표에 대해 지급에 응함으로써 발생하는 대출(일종의 마이너스대출)	잔액은 '차입금'으로, 한도는 주석에 기재

---

42) 매각거래의 인식요건 충족 시 '매각거래'(외상매출금 제거)로 회계 처리하되, 매각거래 인식요건을 충족하지 못하는 경우에는 차입거래(판매기업의 차입금)로 처리한다.
　　☞ 매각거래 인식의 요건 : (1) 금융자산 양도 후 당해 양도자산에 대한 권리행사 제한 (2) 양수인의 자유로운 처분권(양도 및 담보제공 권리) 보유 (3) 양도인의 효율적인 통제권 행사 제한. * 출처 : 한국회계기준원, 일반기업회계기준 6.5

[2] 외화성대출

종류	개념	비고
외화대출금	거주자에 대해 외화로 대출하거나, 해외 지점이 현지에서 취급한 대출금	한국은행의 '세부 취급기준'을 따름
역외 외화 대출금	은행이 외국의 역외(off-shore) 계정으로 조달한 외화자금을 비거주자 및 외국의 역외계정 앞으로 취급한 외화대출	은행의 신보출연료 면제 대상
매입외환	은행이 매입 후 추심 중에 있는 수출환어음 등과 관련, 외환대금이 (추심 완료 후) 매입은행 국외 본 지점계정에 입금 시까지 처리하는 경과 계정	수출환어음, 외화수표 등이 매입의 대상이 됨
무신용장방식 (D/P, D/A) 매입외환	(은행 지급보증이 없는) 무신용장 방식거래에서, 물품 선적에 따른 수출환어음 (및 서류)을 수출상의 위험부담으로 거래 은행이 매입하는 것	(신용장 방식이 아니므로) 매입 시 수출상의 신용도가 중요하게 작용
유산스 (Usance, 기한부 신용장)	수입업자가 일정 기간 후에 물품대금을 지불하는 방식으로, 신용공여 주체에 따라 뱅커스유산스(은행이 신용공여) 및 쉬퍼스유산스(수출기업이 신용공여)로 구분	뱅커스유산스는, 환어음 '인수' 시 수입업자의 (외화매입채무에서) '유산스 차입금'으로 대체
무역금융	수출업체, 수출용 원자재/완제품 공급업체를 대상으로 물품의 공급이행에 소요되는 자금을 지원 및 수출증대를 도모하기 위한 제도 ☞ 용도별 금융과 포괄금융으로 구분	'무역어음대출'은 '차입금'으로, 신용장발행 등은 '지급보증'으로 회계 처리
외화지급 보증	외화표시 지급보증에 따른 우발채무를 처리하는 계정	
	인수 (Acceptance)	기한부신용장 개설 후 선적서류 도착 시, 수입업자의 의뢰로 내국수입유산스 L/C를 개설하고 해외의 수출업자가 발행한 환어음을 인수하는 것
	수입화물 선취보증	선하증권 원본 미도착 상태에서 수입화물 도착 시, 수입상이 화물을 먼저 인수할 수 있도록 신용장개설은행이 지원(보증)하는 제도

☞ 개념 출처 : '은행회계해설'상 개념과 회계이론서의 주요 회계 처리를 참고하되, 필자가 부분적으로 수정함

[II-2] 기업대출의 심사 개요

기업대출 심사 기본 로직

■ 기업대출 심사와 신용분석의 관계

심사 관련 서적[43]에서는 「신용분석(Credit Analysis)」을 '기업이나 개인의 신용에 관련된 양적, 질적 데이터를 사용하여 신용상태에 대한 분석을 실시하고 분석결과를 통해 개인이나 기업과의 신용거래에서 예상되는 니즈와 위험과 관련된 의견을 제시하는 과정'으로 정의하는 한편, 대출 신청 및 기업 면담 등 초기 상담 단계와, 최종 승인절차에 이르는 과정 사이의 핵심절차로서 '신용분석의 실시'를 설명하고 있다.

[대출의 신청 및 심사 프로세스]

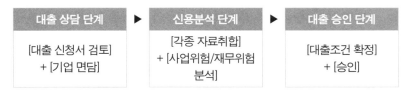

대출 상담 단계	▶	신용분석 단계	▶	대출 승인 단계
[대출 신청서 검토] + [기업 면담]		[각종 자료취합] + [사업위험/재무위험 분석]		[대출조건 확정] + [승인]

엄밀하게 말하자면, '신용분석'은 대출 신청 주체의 '신용(credit)'을 분석하는 것이기에 담보평가 및 자금용도 심사 등의 영역이 신용분석의 범주인지가 애매할 수 있다. 그러나 담보평가 및 자금용도 리뷰는 물론 컴플라이언스 항목에 대한 리뷰마저도, 차주의 신용도와 연계하여 다원적으로 살펴야 하는 중요 항목인바, 확장된 신용분석의 범주

---

43) 기술신용평가사 자격검정수험서. (2020, 교보문고 발간)

로 보는 것이 타당해 보인다.

이러한 측면에서, '신용분석'의 핵심 요소로 다음의 5가지 항목을 열거하고 이를 '5C(Five C)'라 칭하여, 재무관리이론 및 신용분석사 등 심사 관련 수험서에서 유사한 개념으로 차용하고 있다. 이러한 5C에 '컴플라이언스' 항목을 추가하여 '6C(5C + 1C)'로 설명하고자 한다.

■ 신용분석의 6C(5C + 1C)

1. **채무자 특성(Character)** : 채무자의 신용이력(Credit History)을 포함하여, 기업의 역사와 전략, 리스크관리능력을 포괄한다. 이는, 채무자인 기업의 산업 내 입지, 시장점유율 등 일반적 특성을 종합적으로 분석하여 대출의 상환능력 측정과 연계하여야 한다.

2. **상환능력(Capacity)** : 사업영위를 통해 창출한 이익으로 대출원리금을 상환할 수 있는 능력을 의미하여, 영업이익 및 EBITDA 규모와 추세, 현금흐름 추세 등을 활용하여 채무 감당능력을 측정하는 것이다.

3. **자본 규모(Capital)** : 채무자가 가진 자금(money)의 크기로서, 자본(순자산)의 절대적 수치는 물론 자산의 질, 유동성 및 부채구조 등의 분석을 통해 측정된다.

4. **담보물(Collateral)** : 상환 불이행시를 대비하여 취득하는 물적 담보를 통칭하며, 넓게는 경영실권자 및 관계회사 등 제3자의 연대보증을 포괄하기도 한다. 담보물의 단순 가치를 넘어, 환가성 및 안정성을 종합적으로 고려하여야 한다.

5. **대출조건(Condition)** : 대출의 세부조건과 관련한 거시경제 요인,

산업동향 및 기업상황 등 제약사항을 고려하는 것으로, 대출의 목적 및 상환조건 등과 연계된 항목이다.

☑ **컴플라이언스**(Compliance) : 차주 내부의 컴플라이언스 준수 문화와 그 수준은 물론, 대출 시 금융기관 내부 규정/내규 및 대외 법규(법률 및 감독규정 등) 부합 여부를 포괄한다.

이러한 5C + 1C는 신용분석(심사)의 세부 영역과 다음과 같이 매칭될 수 있다.

[정리] 5C[44] + 1C와 기업대출 심사영역의 관계

5C	심사의 영역	
Character (Debtor's Character)	Credit 심사 (사업위험 + 재무위험)	협의의 신용분석
Capacity (Capacity to Repay)		
Capital		
Collateral	담보 심사	
Condition	자금용도 심사, 승인조건	
Compliance	회사 내부의 컴플라이언스 통제정도, (대출 관련) 법규 및 정책 준수 리뷰	

■ 신용평가 모형 : 심사이론(AI 심사)과 실제

기업의 신용도를 평가하기 위한 신용평가 모형에는 크게 전문가판단모형(여신 담당자 또는 심사역의 주관적 판단)과 재무정보 활용모형(회귀

---

44) 5C의 이론과 설명은 PREMIERACA.com의 "5C's of Credit"을 참고하였다.

모형, 다변량판별모형등 기술적 분석)이 존재하는 것으로 알려진다. 이 중 재무정보 활용모형 내 다변량 판별모형을 대표하는 지표로 Altman 교수의 「Z-score」가 널리 알려져 있는데, 이는 미국의 경제학자인 에드워드 알트만 교수가 1950년대 도산기업 등의 자료를 분석한 후 5개 핵심 재무비율[45] 지표를 가중평균하는 방식으로 산출된 부도판별식을 통해 기업의 파산 가능성을 예측하는 용도로 사용된 바 있다.

[참고] 「Z-score」와 기업파산예측모형

「Z-score」			
$Z = 1.2(X_1) + 1.4(X_2) + 3.3(X_3) + 0.6(X_4) + 1.0(X_5)$			
파산예측	2.99 이상		파산 가능성 낮음
	1.81~2.99		판단 유보
	1.81 이하		파산 가능성 높음
요인	지표	지표설명	공식	비고(의미)
	X_1	운전자본비율	순운전자본/총자산	단기유동성
	X_2	누적수익성비율	유보이익/총자산	유동성, 자본력
	X_3	총자산영업이익율	영업이익/총자산	이익창출력
	X_4	자본/부채비율	시가총액/부채총액	자본적정성
	X_5	총자산회전율	매출액/총자산	자산효율성

이론적으로는 저명한 모형임에도 불구하고 상기 Z-score가 현재의 일반 기업에 대한 부실 예측모형으로 활용하기에는 어려움이 있는 반

---

45) 총 22개의 비율을 선정한 후 각 변수의 개별적 유의성 수준 및 연구자의 주관적 판단을 통해 5개의 독립변수를 선정하였다.

면, 최근 다양한 금융기관에서는 AI 등 첨단 기술을 활용한 심사 및 신용평가 모형을 개발하고 있다. Z-score 등 고전모형과 비교하여 현대의 부실예측 모형은 기업의 규모와 업종의 차별성을 고려하고, 다양한 기업 재무정보 및 대표자와 연계 정보 등을 활용하여 예측의 정확도를 높여 온 점은 인정되나, 필자가 현장에서의 심사경험으로만 본다면 금융기관이 절대적 신뢰를 가지고 활용할 수 있는 기업 심사 프로그램의 개발은 아직 요원한 목표로 보인다.

이는, 획득한 중소기업 등 재무제표 내 수치의 근원적 신뢰도의 문제이기도 하며, 수치화되지 않은 다수의 정성정보를 종합적으로 고려하여야 하는 심사의 본질을 AI 등 기술이 완전히 극복하는 데 한계가 여전하기 때문이다. 즉, 기업이 직면하는 다수의 시장변수가 기업의 운영에 작용하는 과정에서 무수의 변수가 존재하고, 이러한 변수를 기계적으로 분석하는 작업을 통해서는 완벽한 답안을 예측하기 어렵다는 것이다. 다만, 점차 정교해지는 정보수집 및 가공능력과 이를 활용한 시스템의 업그레이드, 실시간 제공되는 시장 조기경보 및 모니터링 정보 등을 활용하여 현업에서 사람이 수행하는 프로세스에서의 실수를 줄이는 방식으로 활용한다면, 심사 예측력을 획기적으로 높이는 강력한 무기가 될 수도 있다고 생각한다.

■ 심사는 정답이 없는 영역

'심사'는 정답이 존재하지 않는 영역이다. 어느 누구도 완벽할 수 없고, 찾아낸 결론이 최선의 결과물임을 입증할 수 없거니와 오랜 경력자가 초임자와 비교하여 반드시 우월한 의사결정을 한다고 단정할 수 없는 영역이다.

다만, 금융기관의 대출 심사는 (기술한 바와 같이) '5C + 1C'에 대한 심사라 할 수 있기에, 다음에 열거된 각 항목을 분석하고 평가하는 프로세스라고 말할 수도 있다. 그러기에, 최선의 심사란 다음의 항목에 관한 자료를 최대한 효율적으로 수집하고, 이를 분석하여 (안건에 내재하는 위험요인과 기회요인을 정확하게 나열한 후) 최적의 의사결정을 이끄는 것이라 할 수 있다.

[정리] 대출 심사의 세부항목 및 '5C + 1C'와의 연계구조

주요 항목		주요 항목 예시	5C + 1C의 관점
심사항목	세부항목		
Credit 심사 (신용분석)	사업 위험 산업위험	◇ 산업동향과 전망, 글로벌 경기	Character
	사업 위험 경영위험	◇ 기업 업력, 경영자 이력과 전문성 ◇ 지분구조, 계열사위험	
	사업 위험 영업위험	◇ 매출 구성과 시장지위, 영업정책	Capacity
	재무 위험 수익성	◇ 원가율, 매출액 추세, 이익창출력	Capital + Capacity
	재무 위험 유동성	◇ 현금흐름, 유동성 지표	
	재무 위험 재무안정성	◇ 부채 및 자본구조, 차입의존도	
	재무 위험 재무융통성	◇ 자산구조, 대체자금 조달 여력	
담보 심사	담보가치	◇ 자산의 공정가치 ◇ 환가성, 관리용이성	Collateral
	신용보강	◇ 연대보증, 자금보충	
자금용도 심사	사전점검	◇ 운전자금 가용한도, 적정성 ◇ 시설대출 적정성	Condition
	사후점검	◇ 운전자금 사후점검 ◇ 분할실행과 담보취득	

Compliance 리뷰	차주사 Compliance	◇ 내부의 Compliance 준수문화, 통제 정도	Compliance
	금융기관 내규	◇ 전결권, 담보취득, 승인절차 준수	
	감독규정	◇ 감독 당국 정책 부합 여부	
	일반 법규	◇ 은행법, 금소법 저촉 여부 ◇ 민/상법, 자본시장법 등 저촉 여부	

기업대출 심사 프로세스

다양한 대출 안건에 대해 각기 다른 절차와 순서로 심사가 진행될 것이며, 절대적으로 검증된 기준이 존재할 수 없다. 즉, 금융기관별 내규 또는 신용분석이론서에서 제시하는 표준 절차는 말 그대로 이론일 뿐이며, 사례별 업체의 특성 또는 제시된 상담 사례의 성격에 따라, 세부 절차는 달라질 것이다. 우선 다음의 대출 및 신용분석 절차를 참고해 보자.

[참고] 대출 및 신용분석 절차

대출 신청

대출 신청서 검토 (자금용도, 기본 업체정보 및 재무상황 검토)

대출기업 면담, 현장 방문 (신청서 내용 확인 및 사업실체 및 사업장 현황 확인) * 각종 연성정보 파악

▼

신용분석 실시
(자료취합 및 사업위험, 재무위험 및 변수 분석)

대출 조건 협의
(선행조건, 후행조건 및 승인조건 조율)

대출 승인

* 자료 참고 : 기술신용평가사 자격수험서(신용분석기초, 교보문고)

■ 심사 프로세스(심사의 순서)

대출 신청인의 특성이나 유형별로 또는 각 금융기관 직원별로 세부 순서가 달라질 것이나, 기업대출의 심사절차는 통상 다음과 같은 흐름으로 진행되거나, 조금 변형된 유사 흐름으로 진행될 것이다.

[정리] 기업대출 심사 Process

STEP 1	STEP 2	STEP 3	STEP 4	STEP 5	STEP 6
자금용도 심사	Credit 심사 1	Credit 심사 2	담보 심사	금융법규 리뷰	결론
	사업위험	재무위험			
	Charactor & Capacity				

[참고] 개인대출의 심사 Process

STEP 1	STEP 2	STEP 3	STEP 4	STEP 5	STEP 6
(약식) 자금용도 심사	CB점수 리뷰	신용도 심사	담보 심사 (if)	금융법규 리뷰	결론
	(외부 정보)	(내부 정보)			

[II-3] 자금용도 심사

자금용도(운전자금)의 심사

심사절차에서 사실상의 출발점이자, 경험칙상 가장 논란이 많은 영역이다. 그리고 금융기관 대출 심사의 관점에서 매우 중요한 의미를 갖는 영역이다. 그럼에도 신용분석과 관련한 일부 이론서에서는 큰 비중으로 다루지 않는 영역이기도 한데, 이는 실무에서 얼마나 흔하게 자금용도의 이슈로 문제가 발생하는지를 경험해 보았다면, 조금 이해하기 어려운 지점이라 할 수 있다.

■ 자금용도 심사의 중요성

자금용도의 심사가 중요성을 갖는 이유는, 부실여신 사례의 다수는 자금용도 점검 단계에서의 묵인(tacit permission) 또는 관대한 허용(allowance)으로 자금 지원이 이루어져 회사의 부실로 이어지는 단초를 제공하는 사례가 흔하기 때문이다. 예를 들어, 이미 과도한 차입금 보유로 재무위험이 커진 상태에서 부동산 등 물적 담보를 제공하여 추가 대출 요청을 한 경우로, 운전자금 가용한도가 적절하게 산출되지 않음에도 금융기관 영업목적상 무리하게 대출을 지원한 후 (확대된 금융비용을 감당하지 못해) 기업체의 부실로 이어지는 수순인 것이다.

이러한 대출 부실화의 원인을 살펴보자면, 첫째로 기업에 대하여 적정한도를 무시하고 제공한 운영자금은 유용(예 : 본 사업 목적 이외 투자, 투기자금, 특수관계인 앞 임의 유출 등)될 소지를 키워 회사 본연의 영업활동에 도움을 주지 못하는 반면, 차입부채 증대로 인해 회사의 금융비용충당능력을 오히려 악화시킬 수 있기 때문이다. 또 하나는, 법인인 기업이 관계회사에 대한 부당한 자금 지원(차주사의 유동성이 풍부하지 않음에도 불구하고 대표이사 등의 이해관계에 따른 지원) 또는 대표이사 등 특수관계인에 대한 대여행위 등 법인의 주사업목적에 일반적으로 부합하지 않는 성격의 자금사용은, 회사의 자원이 바르지 않은 방향으로 유출되고 있다는 경보(alarm)임에도, 오히려 부당행위에 금융기관이 간접적으로 관여하게 됨으로써 상황을 악화시키는 단초를 제공할 수 있기 때문이다.

[정리] '자금의 유용'이 '부실'로 전이되는 흐름(Flow)

기존대출 과다	▶	자금용도 유용	▶	주사업 부진	▶	부실화
매출액 및 회전기간 대비 과도한 신용공여		사업목적 외 투자		매출부진 & 영업이익 감소		금융비용 충당 능력저하

■ 감독기관의 통제와 행정지도

이와 같은 자금용도 이슈로 인해, 감독 당국은 대출의 자금용도에 대하여 지속적으로 행정지도와 단속을 진행 중이며, 금융기관 종합검사에서도 가장 대표적인 점검테마로 활용되고 있는 것이다. 은행의 자금용도 관리는 통상 [1] 사전적 관리(대출 승인 단계에서의 한도 산출 및 점검) [2] 사후적 관리(대출 취급 이후, 현장방문, 사용증빙 등 사후점검)로 구분할 수 있을 것이다.

금융 당국의 행정지도와 관련하여, 대표적인 행정규칙을 살펴보자.

자금용도 관련 행정 규칙 정리	
은행업 감독규정	◇ **[제78조(여신운용원칙)]** 은행은 여신을 운용함에 있어서 다음 각 호와 같이 여신의 건전성을 확보할 수 있도록 노력하여야 한다. 2. 차주의 차입목적, 소요자금 규모, 자금소요 기간 등에 대한 종합적인 심사 및 분석을 통한 적정한 여신의 공급 3. 여신 실행 이후 여신자금의 철저한 관리를 통한 용도 외 유용 방지
(한국은행) 금융기관 여신운용 규정[46]	◇ **[제2조(여신 및 투자 운용지침)]** 금융기관은 불건전한 여신 또는 투자를 초래하지 않도록 다음 사항의 준수에 노력하여야 한다. 4. 차주의 소요자금 규모와 종합적인 신용의 분석을 통한 적정한 여신의 공급 및 여신 취급 후 용도 외 유용 여부와 차주의 신용상태 변경상황 등의 파악을 통한 여신의 효율성과 건전성 유지
(한국은행) 금융기관 여신운용 세칙	◇ **[제2조(여신 심사 및 사후관리)]** ①항 금융기관은 여신 취급 시 차주의 재무상태, 다른 금융기관으로부터의 차입금, 기타 채무를 포함한 전반적인 금융거래상황, 사업현황 및 전망과 여신의 용도, 소요 기간 및 상환능력 등의 정확한 분석을 통하여 여신의 적정을 기하여야 한다. ②항 금융기관은 여신 취급 후 수시 또는 정기적으로 여신의 용도 외 유용 여부와 차주의 사업현황 및 자산변동상태 등을 파악함으로써 여신의 사후관리에 철저를 기하여야 한다. ③항 금융기관은 차주가 여신을 용도 외로 유용한 사실을 발견한 경우 이를 지체 없이 회수하여야 하며, 차주의 신용상태가 악화된 경우에는 그 정도에 따라 적절한 채권보전조치를 취하여야 한다.

통상의 감독실무와 관련하여, 금융 당국은 ① 이미 실행된 대출을 무작위 샘플링하여 (샘플링된 건에 대해) 취급 적절성을 개별 검토하는 방식과, ② 특정 주제를 정하여 해당 테마를 중점적으로 살펴보는 방

---

46) 한국은행이 관할하는 금융기관 여신 제도와 관련한 규정으로는, 「금융기관여신운용규정/세칙」, 「기업구매자금대출취급세칙/취급절차」, 「외상매출채권담보대출취급세칙/취급절차」 등이 있다. 한국은행 홈페이지에서 조회할 수 있다.

식(예 : 주택담보대출 점검, 보증서담보대출 점검, 부실화된 여신 또는 요주의이하 여신 중 일정액 이상의 대출을 선별하는 방식)을 상정해 볼 수 있다. 자금용도의 점검 단계와 관련해서는, 여신 취급 단계에서의 사전적 관리 적정성과, 여신 취급 이후 사후적 자금용도 관리의 적절성을 살펴보는 방식으로 구분할 수 있다.

실무적으로는, 정상기업에 대해 취급 단계에서의 부당지원이 문제되는 사례보다는, 자금 지원 이후 부실화가 진행된 회사의 부실원인을 따지는 과정에서 당초 적정한도의 지원 여부 및 자금용도 점검절차의 부적절성이 논의되는 경우가 더 흔하다. 하지만, 해당 대출의 부실화를 미리 예견하기 쉽지 않다고 본다면, 여신의 시작 단계부터 회사의 규모 및 성장 단계에 비춰 적정한 대출지원이 이뤄질 수 있도록 항상 유념하되, 영업적 목적에서의 부당한 대출이 지원되지 않도록 건전한 상식을 지키려는 노력이 금융기관 직원 모두에게 요구된다 할 것이다.

■ 운전자금 가용한도 : 사전적 한도 관리

자금용도 업무의 출발 단계로 통상의 운전자금 가용한도는 다음의 공식에 따라 산출된다. 그 로직을 풀어 보면, 기업의 장래 매출액을 절대적 기준으로 삼아, 이를 '1회전기간(현금순환주기)'으로 나눈 금액이 '1회전 소요운전자금'이 되는 것이다. 이러한 '1회전 소요운전자금'을 기준으로 기존에 수혜한 '운전자금 차입액'을 차감하여, 신청된 운전자금의 적정 규모를 가늠하는 것이다.

○ **운전자금가용한도 = 1회전 소요 운전자금 - 총운전자금 차입액**

[1회전 소요 운전자금]
= (연간 추정 매출액 - 추정감가상각비) × 1회전기간/365

추정 매출액	통상 과거 2~3년간 평균 매출액 증가율(전기 매출액/전전기 매출액)에 가감요인을 반영하여 산출
추정 감가상각비	과거의 상각율 등을 참조하여 추정하거나, 기타 합리적 지표를 활용
1회전기간[47] (현금순환주기)	(매출채권회전기간 + 재고자산회전기간 + 선급금회전기간) - (매입채무회전기간 + 선수금회전기간)
총운전자금 차입액	타 금융기관(2금융권 포함) 차입금을 모두 포함하여 산정. ☞ 일부 대출유형(할인어음, 전자매담대, 본인 예금담보대출, 지급보증 등)은 통상 제외 가능

▶ 한계와 맹점

앞에서 본 운전자금 가용한도 산출로직은 오랫동안 금융기관에서 통용되어 온 공식임에도 불구하고, 여러 맹점을 내포한다. 대표적으로, 제조업을 영위하지 않는 다수의 기업에 있어 '1회전기간'의 적절성과 그 유의성의 이슈이다. 이는 주로 '업종' 또는 '기업 고유'의 특수성에 기인하는 것으로, 매출채권, 재고자산, 매입채무의 회전기간 산출이 여의치 않을 수 있고, 그 회전기간을 활용하여 1회전기간을 사정하는 것이 해당 기업의 정확한 자금흐름을 반영하는 데 한계가 존재하기 때문이다.

---

47) 대표적인 글로벌 자동차 제조사의 2021년 현금순환주기는 약 42일(매출채권회전기간 32일 + 재고자산회전기간 44일 - 매입채무회전기간 34일)이다. 연간 추정 매출액을 1조원으로, 추정감가상각비를 1천억 원으로 가정한다면, 1회전 소요운전자금은 약 1,036억 원(= 9천억 원 ×42일/365일)으로 산출된다.

이러한 다수 업종에서의 맹점을 해소코자, 금융기관별로 다음과 같이 다양한 예외 기준을 운용하고 있다. 이는, 운전자금 가용한도 산출 원칙에도 불구하고 실무상의 편의성을 고려한 것으로, 각 금융기관이 자율적으로 정하여 운용하고 있으나, 실제 예외 운용범주는 금융기관별로 큰 차이를 보이지 않는다.

[정리] 운전자금 가용한도 정책 예외 운용 기준의 예

구분	유예 기준
업무 편의성 감안한 특례	◇ 동일 기업당 10억 원 이내 가용한도 산출 생략
중소기업 등 정책적 특례	◇ (1회전기간 적용 대신) 매출액의 1/2 이내에서 심플하게 결정하는 방식
업종의 특수성 감안 예외	◇ 신설기업 시 산출 예외 ◇ 건설 업종, 금융업종, 계절자금 소요기업 ◇ 업종 또는 기업의 특수성 인정 시
자금용도가 명확한 유형의 상품	◇ 할인어음, 구매자금대출, 외상매출채권담보대출 ◇ 무역금융, 외환 관련 여신(수입신용장발행 등)
여신의 특성을 고려한 예외	◇ 지급보증 ◇ 본인 명의 예적금 및 수익권 담보대출

▶ 실질적 고민

운전자금 가용한도 측정을 통한 운전자금의 적정성 판단은 모든 금융기관 대출 담당자가 맞닥뜨리는 문제이다. 또한, 업권별 감독규정 및 한국은행 세칙 등에서 주요 이슈로 다루는 영역으로, 금융 당국 행정지도의 빈번한 지적 대상이 되는 영역이기도 하다. 그러나 현실에서의 문제는, 대부분의 중소기업의 경우 여유 있게 한도가 산출되는 경우보다는 정해진 로직에 의한 여유한도를 초과하는 사례가 흔하다는 것에 있다. 그것은, 중소기업의 자금동원력 제약으로 늘 운전자금의 부족에 시달리는 자금구조상 원인 이외에도 다음과 같은 사유를 추론할 수 있다.

첫째로, 이미 설명한 것처럼 운전자금가용한도 사정 시 사용하는 1회전소요운전자금이 일부 업종의 소요운전자금 평균 규모를 적절하게 반영하지 못하고 있기 때문이다. 어찌 보면, 분화하는 시대에 다양해진 업종의 특수성을 두루 반영한 진보된 운전자금 한도 산출로직이 제시되지 못한 이면의 여러 사정들이 문제일 것이다.

둘째, 기존 타 금융기관 등을 통해 수혜한 대출 중 최근일자 운전자금 차입금 규모를 정확하게 측정하기 어려운 점이다. 금융기관별로 수많은 대출상품을 보유하고 있다. 일부대출은 한도거래 방식으로, 일부는 간접 익스포저의 형태로 거래되는데, 그중 '운전자금성 차입금'을 구분하여 발라내기 쉽지 않은 측면이 존재한다. 실제로 일부 금융기관의 경우 운전자금과 시설자금을 정확히 분류하지 않고 계리하거나, (실제로는 사업자금임에도) 가계대출로 취급하는 사례가 흔히 존재하기에, 운전자금대출금 규모를 정확히 추출하기 어려운 것이다.

▶ 예외 적용 실무

상기의 맹점과 한계를 두루 고려한다면, 현실에서 운전자금 가용한도가 부족한 기업 고객이 운전자금 추가지원을 요청한 경우 다음의 절차에 따른 예외 지원을 검토해 볼 수 있을 것이다. 다만, 지원된 자금을 정상적 사업영위의 목적으로 사용하지 않을 가능성이 농후하거나 제시된 용도대로 사용하지 않을 것으로 의심되는 기업에 대해서는 자금 지원을 거절하는 것이 상식적으로는 타당하다. 따라서 분별력 있는 접근과 건전한 상식에 기반한 자료검토와 예외 적용 실무가 요구된다.

유형	적용 기준
1 신청된 대출의 자금용도가 특정화되어 명확한 경우 (예 : 임대보증금 반환자금, 급여, 계약금 지급 등)	◇ 이 경우 해당 대출의 자금용도에 부합하는 계약서 등 거래 증빙을 징구하는 방식을 통해 문제를 해결할 수 있을 것이다. 다만, 회사의 운영자금 간 혼입이나 전용이 의심되는 경우에는 주의하여야 한다.
2 자금용도가 추상적인 경우 (예 : 일반 운영자금)	◇ 운전자금 한도공식을 적용하기 곤란한 상황(업종, 업력)인지를 점검하는 한편, 기존에 취급된 차입금의 자금용도 및 적정 사용 여부를 점검하고 관련 증빙을 최대한 남겨두어야 한다. 즉, 기존 차입금이 과도하지만 혼입/유용의 여지가 없음을 입증하여 본 건 대출의 당위성을 확보하는 것이다. ☞ 문제는, 다른 금융기관에서 기존에 취급한 차입금에 대한 용도를 정확하기 검증하기 어려운 점이다. 이는, 기존 감사보고서 및 회사의 지출현황 자료 등을 최대한 확보하여 자금의 사용처를 최대한 추적하는 방식으로 해소하여야 한다.

■ 운전자금 사후관리 : 사후적 한도 관리

금융기관 인수합병으로 금융권 재편이 본격 진행되던 2004년 겨울. 금융감독원에서는 점증하는 운전자금의 유용이슈 해소를 위해, 은행연합회 실무작업반(TFT)을 통해 '운전자금 자금용도의 사후점검 기준'을 마련 후 금융기관 공동으로 시행토록 하였다. 그 이후 몇 차례 은행연합회 TFT에 의해 점진적으로 강화된 가이드라인이 제시되었지만, 그 주요 골자는 바뀌지 않았다.

◇ **사후점검 대상**

'자금용도 유용 사후점검 대상'은 제외 가능으로 **명시한 '일부 예외 기준'을 제외한 모든 운전자금대출[48]을 대상**으로 한다.

◇ **주요 사후점검 제외 대상**

· [법인] 건당 5억 원 이하 또는 동일인당 비외감 10억 원, 외감 20억 원 이하의 일반자금
· [개인사업자] 건당 1억 원 이하로, 동일인당 5억 원 이하 일반자금
· 한도거래대출, 본인 명의 예금담보대출
· 기존 대출의 기한연장, 대환 등

◇ **주요 점검 기준**

점검기준	주요 내용
사후점검 수행	(1) 취급 후 3개월 내 '대출금 사용내역표'의 징구 (2) 건당 일정금액 초과 시 또는 신설기업 등의 경우 취급 후 3개월 내 '현장방문' 및 '증빙자료' 첨부
설명 및 특약체결	자금용도의 유용 시 또는 사용내역표 미제출 시 기한이익상실 사유 해당 및 신규여신의 제한

　자금용도 사전 점검절차인 '운전자금 가용한도 산출'은 은행별로 고유의 정책을 인정하여 다양한 예외와 변형을 허용하고 있음에도, 상기 운전자금 사후점검 기준은 은행권 내 통일된 기준을 적용하게 된다. 본 사후관리 기준에 따라 자금용도의 유용이 확인되는 경우, 취급된 여신을 즉시 회수하는 한편 신규대출을 중단해야 한다. 또한, 부정적 영향도를 지닌 신용정보로 등재하여 제재하는 등의 용도로 활용하게 된다.

---

48)　부동산임대업자(개인사업자) 앞 시설자금이 점검 대상에 포함되었다.

[정리] 자금용도 유용행위 적발 시 기업이 입게 되는 손실

구분	내용
신규여신 취급 제한	◇ 1차 적발 : 1년간 제한 ◇ 2차 적발 : 5년간 제한
약관상 기한이익 상실 적용	◇ 채무자는 여신신청 시 자금용도를 명확하게 제시하고, (대출 받은) 자금을 거래 당초 정해진 용도로만 사용할 의무를 부담(여신거래기본약관 5조와 연계) ◇ 여신거래기본약관 5조 위반 시 통지에 의한 기한이익상실 가능 (여신거래기본약관 7조와 연계)

일부 운용방식이 달라질 수는 있으나 주요 내용은 은행별로 동일하므로, 공통 취급 기준은 꼭 알아 두어야 한다. 왜냐하면 금융기관 자율의 공동 운용 기준의 형식을 띄었지만, 사실상 금융감독원의 행정지도 형태로 운용되는 가이드라인이기 때문이다. 다시 말하지만, 운전자금 사후점검은 실무상으로는 상당한 불편함을 수반하는 처리 기준의 하나로 인식되고 있는 반면, 금융 당국 입장에서는 매우 중요한 의미를 갖는 지도기준이다. 따라서 위반에 따르는 금융기관 앞 제재 등 불이익을 감안하여 사전적 자금용도 산출과정에서는 정도(正道)를 지키되, 사후적 점검과정에서는 신중한 모니터링 및 동향 관리가 요구된다.

■ 금융기관 자금용도 점검의 중요성

1금융권인 은행뿐 아니라, 저축은행 등 2금융기관에서도 자금용도의 점검과 관리는 중요한 이슈이다. 이는, '자금용도의 심사'가 차주에 대한 신용분석 및 대출 심사 전 과정에서 첫 관문이자, 부실화로의 진화를 막는 중요한 방어벽이 될 것이라는 본 장 서두에서의 결론과 같은 논거에서 출발한다.

[정리] 저축은행권의 자금용도 업무기준(상호저축은행감독규정 제40조의2)

구분	내용	설명
자금용도 등에 대한 정책	◇ 상호저축은행은 법 제22조의2제①항 및 시행령 제11조의6제④항제1호에 따라 상당한 주의를 기울여 다음 각 호에서 정하는 여신 심사 및 사후관리 등 여신업무를 처리하여야 한다. 1. 차주의 신용위험 및 상환능력 등에 대한 분석을 통한 신용리스크의 평가 2. 차주의 차입목적, 차입금 규모, 상환 기간 등에 대한 심사 및 분석 3. 차주의 차입목적 이외의 차입금 사용방지 대책 마련 4. 여신 실행 이후 차주의 신용상태 및 채무 상환능력 변화에 대한 사후점검 및 그 결과에 따른 적절한 조치	◇ 차주에 대한 자금 용도의 점검과 용도 외 유용방지대책 마련 등 의무를 명시

시설자금의 심사

시설자금이란, 각 사업자 등(가계를 제외한 모든 경제주체)이 특정 재화나, 용역 및 서비스를 생산하기 위한 정상 영업활동과정에서 직접·간접으로 필요로 하는 토지·건물·기계기구 등 물리적 형태의 자산을 매입, 임차, 건축 등에 소요되는 자금을 말한다.

■ 시설자금과 운전자금의 경계와 구분

현행 은행업회계해설기준을 따르면, 운전자금은 기업을 운영하는데 필요한 원재료비, 인건비, 판매비, 세금과공과 등에 소요되는 자금으로 특별히 용도가 정해지지 않는 것으로 명시하고 있으며, 은행권에서 공동으로 마련하여 따르고 있는 「운전자금 사후점검 기준」에서는 시설자금과 운전자금 간 유용을 철저히 제한[49]하고 있다.

1금융기관인 은행에서 시설자금의 구분이 중요한 이유는, 기업에 대한 대출에 있어 시설자금으로 분류 시, (해당 대출은) 은행이 신용보증기금 등에 납부하는 '출연료'의 납부 대상[50]에서 제외되기 때문이다. 즉, 시설자금이 아닌 운전자금의 경우, 해당 대출(평잔)에 대해 납부하는 출연금을 금융원가로 간주함에 따라 대출 고객 앞 제시금리에 반영할 수밖에 없는 것이다. 이로 인해, 은행의 대출 관련 원가(cost)의 절감차원에서 시설자금으로 분류하는 것이 유리한 것이다. 그러나 시설자금이 아닌 유형의 대출을 시설자금으로 분류하는 것은 해당 규정은 물론 법규의 위반소지를 남기기에, 시설자금으로의 과목 분류 시에는 운전자금에 비해 주의를 더 기울여야 하는 것이다.

[참고] 신용보증기금 출연료 제외 대상

주요 출연 제외 대상[51]	근거
◇ 기업자금 중 시설자금대출 ◇ 가계대출 ◇ 매입외환, 내국수입유산스, 역외외화대출금 ◇ 팩토링채권(상환청구권이 없는 경우) 등	신용보증기금법 시행규칙 1조

---

49) 동 「자금용도 사후점검 기준」에서는, (1) 시설자금과 운전자금 간 전용을 유용으로 간주하되, (2) 일시적 자금부족 상태에서 기일이 도래한 시설자금대출 분할상환금을 운전자금으로 대환하는 경우에만 예외적인 전용을 허용함으로써, 일반적인 운전자금과 시설자금 간 자금전용을 엄격히 제한하고 있다.

50) 출연료 납부 및 납부액 산정근거는 '신용보증기금법(제6조 및 시행규칙)'과 '지역신용보증재단법(제7조 및 시행규칙)'에 근거를 두고 있다.

51) 현행 기준은 2007년 초 개정된 것으로, 기존에 신보료 출연제외 대상이던 외화대출,

한편, 은행 등이 대출과 관련하여 납부하는 출연료는 신용보증기금 출연료 외에도 주택신용보증기금에 납부하는 출연료가 있다. 주택신용보증기금 앞 출연 대상과 관련해서는 대출 취급 단계에서 "주택관련대출(= 주택자금대출)"로 명확하게 분리 계리하도록 관련 법규에서 명시하고 있다.

[참고] 주택자금대출의 개념과 주택신용보증기금 출연 대상

[은행회계해설, "주택관련대출" 개념]
◇ 근로자 개인에 대한 주택관련대출 및 근로자를 대상으로 분양 또는 임대를 목적으로 하는 주택사업자에 지원한 주택관련대출을 포괄한다.
◇ 기업자금의 주택관련대출은 주택을 건축하여 임대 또는 분양하거나, 주택건설에 필요한 대지조성 등을 추진하는 기업에 지원하는 대출을 의미한다.

주택신보료 출연 대상	근거
• 주택수요자가 주택을 건축·구입·임차 또는 개량하기 위한 대출금(소유권보존등기 또는 소유권 이전 등기일부터 3개월 이내에 그 주택에 설정되는 저당권에 의하여 담보되는 대출금을 포함) • 주택사업자가 분양 또는 임대의 목적으로 주택을 건설 또는 매입하기 위한 대출금 • 사업주가 근로자에게 분양 또는 임대의 목적으로 주택을 건설 또는 구입하기 위한 대출금 • 주택을 분양(임대를 포함) 받기 위한 계약을 체결하고 그 계약서에 기재된 금액을 납부하기 위한 대출금 • 그 밖의 주택자금대출금	한국주택금융공사법 시행규칙 제3조②항 2호

■ 시설자금 분류 원칙 : 유형자산의 개념 차용

앞서 살펴본 것처럼 시설대출인지 운전자금대출인지의 분류는 매우 중요하다. 그럼에도 은행별로 시설자금의 취급 범위와 세부기준이

사모사채가 출연 대상으로 포함되는 한편, 시설자금대출이 제외된 바 있다.

미세하게 달라져 있는 것을 확인할 수 있다. 이는, '시설자금'의 개념 자체가 명료한 반면, 다소간의 추상성을 내포하기 때문이다. 이와 관련하여 필자의 여신기획 경험칙상, 시설자금임을 확증하는 가장 분명한 경계는 회계학적 개념을 도입하는 것이라 할 수 있다. 즉, 회계학에서 정의한 다음의 '유형자산'의 원가개념을 적용할 경우, 시설자금에 대한 경계가 명확해질 수 있는 것이다.

[정리] '유형자산'의 개념

항목	설명
유형자산 정의	◇ 재화의 생산, 용역의 제공, 타인에 대한 임대 또는 자체적으로 사용할 목적으로 보유하는 물리적 형체가 있는 자산으로, 1년을 초과하여 사용할 것이 예상되는 자산
인식	◇ 유형자산 인식요건(다음 조건을 모두 충족해야 함) • 미래 경제적 효익이 기업에 유입될 가능성이 매우 높다. • 자산의 원가를 신뢰성 있게 측정할 수 있다.
취득원가	◇ 취득원가는 구입원가 또는 제작원가 및 경영진이 의도하는 방식으로 자산을 가동하는 데 필요한 장소와 상태에 이르게 하는 데 직접 관련되는 아래의 원가 • 설치비 및 설치장소 준비를 위한 지출 • 외부 운송 및 취급비 • 설계와 관련하여 전문가에게 지급하는 수수료 • 취득과 관련하여 국·공채 등을 불가피하게 매입하는 경우 당해 채권의 매입금액과 현재가치와의 차액 • 자본화대상인 차입원가 • 유형자산의 취득과 직접 관련된 제세공과금(취/등록세) • 복구충당부채(경제적 사용 종료 후에 원상복구 소요 추정 원가가 충당부채의 인식요건 충족 시, 그 지출의 현재가치) • 정상적 작동 여부를 시험하는 과정에서 발생하는 원가

* 출처 : 한국회계연구원, "일반기업회계기준"

이러한 유형자산 개념을 준용하여, 금융기관에서 통상 시설자금으로 분류하는 유형을 열거해 보자면, 다음과 같다.

[정리] 시설자금 분류 가능 대상

시설대 유형	세부 요건	회계상 계정과목	시설대 부인 대상 (= 운전자금)
업무용 부동산의 취득자금	취득원가 포함 지출액 (취등록세 포함)	유형자산	분양업자, 매매업자의 취득자금
건축자금	자가사용 또는 임대용 건물의 건축자금	건설중자산(이후 유형자산으로 대체)	분양업자, 매매업자의 건축자금
시설 개/보수 자금 (자본적 지출)	회계학적 개념(취득원가에 가산 : 실질 가치의 증가, 내용연수 연장)	유형자산	수익적지출로 분류되는 항목
기계기구의 설치	자가사용 목적용 기계기구	유형자산	운용리스 방식으로 임차한 기계

■ 시설자금의 확장

실무상의 문제는, 회계학적 개념인 유형자산 인식기준에 해당하지 않는 경우 시설자금 분류가 불가한지와 관련된 것이다. 이에 대해, 필자의 견해로는 다음의 특수 사례에서 일부는 시설자금으로의 분류에 무리가 없다고 판단한다. 다음의 정리내역은, 현행 '은행회계해설'만으로는 운전자금과 시설자금 간 기계적인 구분을 넘어 그 중간 영역에 대한 심도 있는 논의가 부재한 상태에서 '시설자금'의 범주를 특정하는 공신력 있는 외규나 이론서가 존재하지 않기에, 나름의 의미를 가질 것으로 기대한다.

▶ 임차보증금 납부자금 – 시설자금 범주 ○

회사의 사업영위와 관련하여 회사 소유의 사무공간이 없다면 임차에 소요되는 임차보증금을 금융조달하는 것이 필요할 수 있다. 이때 소요되는 자금은 임대차계약의 만기시점에 임대인으로부터 돌려받을 자금으로, 회계학적 구분으로는 '기타 비유동자산'으로 계리하게 될 것이다. 그럼에도, 해당 보증금이 주사업의 영위에 사용하게 될 용도임을 고려한다면 기업의 시설자금으로 분류하는 데 이견이 없는 항목이라 할 것이다. 이러한 임차보증금의 범주에는 일반 사무공간의 임차는 물론, 제조시설로서의 공장 또는 보관시설로서의 창고의 임차에도 동일하게 적용할 수 있을 것이다.

▶ 인수자금대출 – 시설자금 범주 △(각 금융기관별 내규에서 정하는 요건 범위 내 가능)

회사의 지분 인수(의결권 있는 지분 50% 초과 취득 등 경영권 확보 시)에 소요되는 인수자금대출은, 전통적인 시설자금의 범주와는 괴리가 있는 것이 사실이다. 그럼에도 불구하고, 통상의 인수자금대출이 피인수기업의 순자산을 매입하는 용도로, 인수주체의 주식을 담보(질권)로 취득하는 점을 고려하여 은행권에서 시설자금대출로 분류하는 것은 관행이 되었다. 이러한 분류의 근거는, 회사 지분의 인수가 결국에는 대상회사의 자산(유형자산 포함)과 부채를 포괄적으로 매수한다는 인수거래의 본질에서 출발한다. 따라서 정책 당국에서 그 분류기준을 명확하게 재정의하기 전에는, 인수자금대출의 시설대출 분류를 정립된 의견으로 보아도 무방하다고 생각된다.

▶ 인테리어, 개보수 자금 - 시설자금 범주 △

사업장 인테리어 및 개보수 자금을 시설자금으로 지원하는 것이 가능한지에 대한 이슈이다. 통상의 시설자금은, 회계학적 개념을 대체로 충실하게 차용하고 있다. 즉, 유형자산의 취득원가를 구성하는 자금이라면 시설자금이고, 그렇지 않다면 운전자금이라는 논리이다. 다만, 일부 수익적 지출로 분류되는 시설 개보수, 인테리어 자금을 회계학적 개념을 맹목적으로 좇는 경우, 시설대의 원론적 개념(시설물의 설치 및 취득에 소요되는 자금)과 배치되는 결과가 초래된다. 따라서 회사의 자산 규모 대비 소액 또는 반복적 유지보수 비용이라면 운전자금으로 간주하되, 비정형적이고 비경상적인 자금으로서 그 취급액을 무시할 수 없는 경우라면 (비록 자본적지출에 해당하지 않더라도) 선별적인 시설대출 취급을 검토해 볼 수 있을 것이다. 실무적으로는, 회사의 자산 규모 대비 거액의 개보수자금으로서 도급계약이나 관련 증빙(지출명세, 공사현장 사진 등)을 통해 입증할 수 있는 경우에 한해 시설자금으로 분류할 명분이 존재한다고 판단한다.

[자본적 지출과 수익적 지출의 구분] * 한국회계기준원(일반회계기준)

(10.14 취득 후의 원가) 유형자산의 취득 또는 완성 후의 지출이 문단 10.5의 인식기준을 충족하는 경우(예 : 생산능력 증대, 내용연수 연장, 상당한 원가절감 또는 품질향상을 가져오는 경우)에는 자본적 지출로 처리하고, 그렇지 않은 경우(예 : 수선유지를 위한 지출)에는 발생한 기간의 비용으로 인식한다.

▶ 중도금의 시설대 인정 여부 - 시설자금 범주 △

흔한 사례는 아니지만, 법인 또는 개인사업자가 회사의 명의로 집합상가나 지식산업센터를 분양받는 경우로, 지급하는 중도금을 시설자금으로 검토할 수 있는지의 이슈이다. 이 경우 회계적으로는 중도금을 임시계정으로 분류한 후, 잔금납부 및 소유권 이전시점에 유형자산으로 계리가 될 거라 예상할 수 있다. 따라서 분양계약서 등을 통해 계약의 진위가 확인되고, 지급한 중도금이 시행사 또는 신탁사 계좌로 직접 지급되는 등의 통제를 수반한다면, 시설자금으로의 접근이 가능하다고 본다. 다만, 추후 분양권을 전매하거나 계약 자체가 취소되는 경우, 은행이 적용한 선의의 논리가 깨질 수 있는바, 신중한 모니터링이 필요해 보인다.

▶ 투자부동산 – 시설자금 범주 ×

투자부동산이란, 사업용으로 사용되지 아니하고, 투자 목적 또는 비영업용으로 소유하는 부동산을 말하며, 이를 은행의 시설자금으로 지원할 수 있는지에 대해 고민이 필요하다. 현행의 감독규정이나 은행의 내규상으로는 이를 제한하는 내용을 찾기 어려우나, 제도권 금융의 도움을 받아 비영업용 부동산 또는 투자목적부동산을 구입하는 것은 타당하지 않다는 상식적 제한이 존재한다고 판단한다. 즉, 투자부동산 성격의 부동산 취득자금을 시설자금으로 지원하는 것은 허용될 수 없다. 다만, 이미 획득한 투자부동산을 활용(담보취득)하여 운영자금으로 지원하는 것에 대해서는, 해당 투자부동산의 취득 경위와 처분계획 등을 고려하되, 투기자금 또는 용도 외 유용소지를 최소화하는 방향으로 (제한된 기간 및 제한된 범위 내에서) 검토할 수 있다고 판단된다.

투자부동산[K-IFRS 1040호 5(한국회계기준원)]
임대수익이나 시세차익 또는 두 가지 모두를 얻기 위하여 소유자나 금융리스의 이용자가 보유하고 있는 부동산[토지, 건물(또는 건물의 일부분) 또는 두 가지 모두]. 다만, 다음의 목적으로 보유하는 부동산은 제외한다. · 재화의 생산이나 용역의 제공 또는 관리목적에 사용 · 정상적인 영업과정에서의 판매

▶ 용도가 정해지지 않은 상태의 토지 - 운전자금 또는 시설자금

용도가 정해지지 않은 상태의 부동산(특히, 토지)을 취득하는 경우가 있다. 예를 들어 A기업은 LH로부터 분양받아 보유 중인 토지상에 상업용 건물을 지을 계획인데, 추후 사옥으로 사용할지, 아니면 매도하거나 다수에게 분양할지 확정되지 않은 상태이다. 이 경우, 대상회사가 외감법인이라면 해당 부동산을 어느 계정과목으로 계리하는지를 살펴볼 필요가 있다. 즉, 회사가 해당 부동산을 재고자산으로 계리하는 한편 사업계획서, 건축허가서 등을 종합하여 분양 목적으로 추진할 소지가 큰 경우 운전자금으로 분류해야 하고, 유형자산으로 분류 후 임대 목적 건물을 신축하거나 사옥으로 활용할 가능성을 보유한 경우에는 시설자금으로 분류하는 것이 타당하다.

[정리] 애매한 사례 요약 : 시설대 분류기준

유형	쟁점	결론
임차보증금 납부	유형자산의 범주 예외 (기타 비유동자산)	시설자금 분류 가능
기업 인수자금	자산의 매입, 건축 자금 등 전형적 시설투자와 괴리	선별적 가능(지분 50% 초과 취득 등 경영권 확보 가능 시)

인테리어, 개보수 자금 (자본적 지출 요건 미충족 시)	유형자산의 취득가액 가산이 애매한 경우	선별적 가능
중도금 (회사 유형자산 취득 단계에서의 중도금)	잔금 및 소유권 이전에 대한 불확실성 내포	선별적 가능 (사업목적에 부합하는 자산 매입 관련 중도금으로 계약에 의해 입 증될 경우)
투자부동산의 취득	투자 목적 또는 비영업용으로 소유하는 부동산의 취득자금	취득자금의 시설대출 불가
목적이 분명하지 않는 부동산 구입	개발방향 및 사용목적이 결정되지 않은 부동산의 계정과목 분류는 신중해야	세부 자금용도 및 회계적 계리 방향에 따라 운전자금 또는 시설자금으로 분류

[II-4] CREDIT 심사

Credit 심사 (1) 사업위험과 재무위험 분석

Credit 심사란, 대출의 심사 단계 중 가장 핵심적인 영역이라 할 수 있고 **대출 건전성 확보를 위해 절대적으로 중요하지만** 절대적 답안이 존재하지 않는 영역이다. 이렇듯 절대적인 답안도 없고, **기술적으로 난해한 영역인** 'Credit 심사' 영역에 대해 실무적 관점에서 논의해 보고자 한다.

■ 'Credit 심사'의 속성과 실재 : Credit 심사 = 신용분석 = 3C 분석

기업의 Credit 심사는 기업 고유의 신용(Credit)을 분석하는, 이른바 '신용분석'으로 대체될 수 있고, 이러한 '신용분석'을 5C이론의 관점에서 접근한다면 기업에 내재한 특유 Character와 기업이 보유한 Capital 및 Capacity를 종합적으로 측정하고 분석하는 것이라 할 수 있다.

[정리] 'Credit 심사'의 영역과 '3C'

구분			설명 및 주요 항목 예시	'5C'의 관점
심사항목	세부항목			
Credit 심사 (신용분석)	사업 위험 (Business Risk)	산업위험	◇ 산업동향과 전망, 글로벌 경기 ◇ 진입장벽과 교섭력	Character
		경영위험 (계열위험 포함)	◇ 기업 업력, 경영자 이력/전문성 ◇ 지분구조 및 계열사위험	
		영업위험	◇ 매출 구성 및 시장지위 ◇ 매출처, 조달처 현황 및 기술력	Capacity
	재무 위험 (Financial Risk)	수익성	◇ 마진 규모와 변동성 ◇ 매출액 추세, 이익창출능력	Capital + Capacity
		유동성	◇ 현금흐름 규모와 추이 ◇ 순운전자본, 유동성 및 추이	
		재무 안정성	◇ 부채 및 자본구조 ◇ 차입의존도 규모와 추세	
		재무 융통성	◇ 자산의 구조와 비중, 추세 ◇ 대체자금 조달 여력	

이 표와 같이, 기업의 'Character' 분석은 회사가 속한 산업의 위험도(산업위험)와 대내외 환경에서 이익을 창출하는 과정에서 부담하는 '경영위험(계열위험 포함)' 등 회사 자체의 고유 특성(Character) 및 이력(history)과 연관된 위험을 측정하는 것이라 할 수 있다. 반면 'Capacity'란 영업행위를 통해 회사실체(entity)를 유지할 수 있는 본연의 능력이자, 적정 이윤을 창출할 수 있는 능력으로서, 회사의 부채구조와 유동성을 결정하는 'Capital' 분석과 함께, '재무위험(Financial Risk)' 및 '영업위험(Operational Risk)' 분석을 통해 측정될 수 있다.

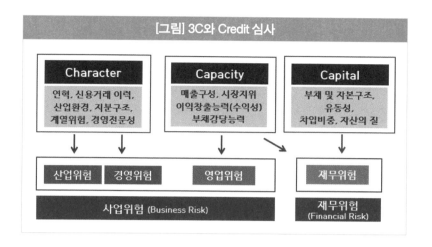

[그림] 3C와 Credit 심사

■ 사업위험과 재무위험

이제, '3C의 분석'으로 대체될 수 있는 사업위험과 재무위험의 분석 영역에 대해 자세하게 살펴보자. 통상 영역별로 대표되는 다양한 재무비율 지표가 있으나, 대출 심사 과정에서 실무적으로 활용되는 대표 지표를 중심으로 살펴보고자 한다.

[Part 1] 사업위험 분석 [Character & Capacity]

▶ 사업위험 분석 – Character 측면(산업위험과 경영위험)

신용분석을 구성하는 '5C' 내 각 항목 모두가 중요한 반면, 특정 기업이 가진 무형의 캐릭터(Character)를 정성평가의 방식으로 접근하는 사유로 인해 특별한 기술이나 기법이 존재할 수 없다. 따라서 유독 이 파트는 심사자의 경력과 실무적 깊이에 비례하여 더 나은 측정기술이 기대될 수 있는 영역이라 할 수 있을 것이다.

대출 신청기업의 캐릭터, 즉, 속성을 분석하는 것은, 심사의 관점에서 매우 중요하다. 기업의 속성이란 단순히 그 회사의 업력이나 산업 내 입지를 넘어, 회사가 속한 환경적 요인인 산업의 주기와 트렌드, 사업 내 경쟁강도, 경영자능력 및 계열위험 등을 망라하는 개념이기 때문이다. 이렇듯 광범위한 사업위험 분석에 있어 캐릭터의 파악은 '산업위험', '경영위험'으로 나누어 접근해 볼 수 있다.

[정리] Character(사업위험 내 항목) 분석과 대상위험

구분	세부항목		분석 대상	자료 원천
❶ 산업 위험	산업 성장 단계		◇ 산업 자체의 성숙도 ◇ 산업의 재무적 특성	회사 면담, 산업동향조사
	글로벌 (산업) 동향		◇ 관련 산업 글로벌 동향 ◇ 글로벌 요인(환율, 원자재) 영향	글로벌 서치, 회사 면담
	경쟁상태		◇ 산업 내 경쟁강도 ◇ 진입장벽 존재 및 그 규모	산업 분석, 회사 면담
	교섭력		◇ 전방 교섭력(납품, 매출 관련) ◇ 후방 교섭력(원자재, 중간재 조달 관련)	산업 분석, 면담 자료
❷ 경영 위험	법인 이력		◇ 법인 설립시기 및 업력 ◇ 업종 변경, 상호 변경 이력	회사 면담 자료, Cretop
	대표자 이력		◇ 대표자 경력, 산업 이해도	면담 자료
	지분구조		◇ 경영실권자와 대표자 일치 여부 ◇ 지분율과 지배구조	주주명부
	경영실권자 확인		◇ 대표자의 경영실권자 or 고용임원 여부	주주명부, 면담 자료 등
	지분율과 지배구조		◇ 1대주주와 기타 주주 관계 ◇ 증자이력 및 지분변동	회사 면담 자료, 법인등기부등본
	계열 위험	모기업 위험	◇ 지배관계 모기업 존재 여부 및 ◇ 자금 지원 또는 자금 수혜 여력	감사보고서, 계열구조도, 면담 자료
		자회사 위험	◇ 자회사 존재 여부 ◇ 계열사 지원부담 가능성 유무	

▶ 사업위험 분석 - Capacity 측면(영업위험)

회사의 Capacity는, 회사의 금융비용 충당능력에서 나아가 모든 차입금을 일정한 기간 내에 상환할 수 있는 능력. 이른바, '원리금 상환능력(Capacity in Repayment of Principles and Interests)'을 의미한다. 나아가, 정관에서 정한 비즈니스를 영위하여 회사의 존립을 가능케 하는 핵심 영업행위의 수행능력 또는 영업위험의 감당능력 또한 Capacity의 범주로 설명될 수 있다. 이러한 의미에서 Capacity를 측정하는 절차는 금전을 대여하는 자 입장에서 수행되는 Credit 심사 프로세스에서 가장 중요한 과정이라 할 것이다. 왜냐하면, 여신이라는 행위 자체는 채무자가 차입한 자금을 제대로 상환할 수 있는지에 대한 확신과 이익 창출의 원천인 영업행위 유지능력을 전제로 이루어지기 때문이다. 한편, 영업위험을 측정하는 다수의 지표는 수치와 비율로 표현된 정량 정보도 있지만 방대한 영업 관련 정보를 활용한 정성 지표의 비중도 높아 다양한 분석기술과 해석이 난무하는 영역이기도 하다.

[정리] Capacity(사업위험 내 항목) 분석과 대상위험

구분	세부항목	분석 대상	자료 원천
영업위험	매출구성 및 주력 업종	◇ 매출 구성 및 추이 ◇ 주력 업종 변화 및 방향성	사업보고서, 감사보고서, 면담 자료 및 회사제출자료 (세무서신고자료등) 외
	시장지위	◇ 시장점유율과 추이	
	매출처 현황	◇ 매출처 구성 및 신용도	
	원재료 조달 안정성	◇ 원재료 조달처 구성과 안정성	
	기술력	◇ 기술력 보유 현황과 유지 여력	

▶ 사업위험 분석 – Character와 Capacity의 경계

사실 사업위험(Character)과 재무위험(Capacity)을 기계적으로 구분하긴 했으나, 상호 유기적으로 연결된 영역이므로 경계가 애매한 경우가 흔하다. 특히 영업위험은, 매출액의 구성과 추이, 시장지위 및 매출처/구매처 현황 등 전반적인 영업정책과 관련 위험을 분석하는 것이지만, '재무위험'의 영역에서 매출액 추세와 이익창출능력 및 각종 재무안정성 지표와 분리하여 판단하기 어려운 영역이다. 따라서 Character 분석 단계부터 매출액 및 영업이익의 추이로 대변되는 재무위험(수익성 분석)과 교차하는 영역을 중심으로 분석이 시작되어야 한다.

[Part 2] 재무위험[52] 분석(Capacity & Capital)

재무위험은, 영업위험에 비해 다분히 기술적 분석에 의해 측정된다. 왜냐하면 재무위험 측정의 기준이 되는 대부분의 재무비율은, 공개된 재무제표상 숫자를 이용하여 계산된 수치로 표시되기 때문이다. 그러나 현실적인 고민은, 재무비율이 너무 다양하기 때문에 어떠한 지표를 어느 비중으로 적용할지에 대한 것이다.

▶ 매출(Revenue)과 수익성(Profitability)

제조업, 도소매업 등 대표 업종을 포함한 대부분 업종의 재무위험

---

52) 재무위험(Financial Risk)에 대한 개념과 범주는 소스별로 매우 상이하나, 통상은 기업 비즈니스 영위과정에서의 파이낸싱(자금 조달: 자본금 또는 차입금)과 관련한 다양한 형태의 리스크를 포괄한다.

측정에 있어 가장 먼저 검토되어야 하는 영역이다. 차입금이 적고 아무리 재무적으로 안정되었다 하더라도 최근의 매출 및 수익추이가 하향세라면 문제가 될 것이고, 이러한 매출 및 수익패턴이 유지될 경우 머지않아 재무안정화 기조가 흔들릴 것은 명약관화(明若觀火)하기 때문이다. 한편, 영업활동의 영역에서 기원(起源)함에도 재무위험의 영역으로 분류되는 '수익성' 분석은 매출과 원가율 분석을 통해 '이익창출능력'을 측정하고 이를 통해 기업이 보유한 차입금 과 부채를 감당할 수 있는지의 관점에서 접근하는 것으로, 앞서 살펴본 영업위험(사업위험 내 항목)과 강력하게 연동되는 항목이라 할 것이다.

항목	표준공식	의미
❶ 매출액 증가율	매출액/ 전기매출액	◇ 전기 대비 매출액의 증가율로, 최소 3개 이상의 회계 기간을 비교해야 의미가 있다.
❷ 매출원가율	매출원가/ 매출액	◇ 판관비를 고려하지 않은 순수 원가적 측면에서의 추이를 살펴보는 지표로서, 원자재 의존도가 높은 업종은 중요한 의미를 보유한다.
❸ 영업이익율	영업이익/ 매출액	◇ 회사의 수익창출력과 지속 가능성을 가늠할 수 있는 지표로, 절대 지표의 크기도 중요하지만, 악화 추세가 지속되는 경우 회사 자체 경쟁력 또는 산업 자체의 위험이 가중되고 있는 징후일 것이다.
❹ 금융비용 충당능력	영업이익(또는 EBITDA)/ 이자비용	◇ 영업이익 또는 EBITDA로 이자비용을 감당할 수 있는지를 측정하는 지표로, 금융비용을 충당할 수 있는 최소한의 이익창출력을 확보하고 있는지를 판단하는 데 활용된다.

▶ 유동성(Liquidity)

기업의 운영에 있어 '유동성'은 절대적으로 중요하다. 이는 사람에게 있어 혈액의 순환과 같은 것으로, 재무안정성을 확보하고 있더라도 유동성을 갖추지 못한 기업은 적시 대외채무 결재에 실패하여 신용도가 급격히 악화되거나 부도에 이를 수도 있는 것이다. 따라서 회사의 재무상태표와 손익계산서상 관련 지표 분석을 통해 회사의 유동성을 측정해 보고, 영업활동현금흐름 규모 및 추세를 살펴보는 것은 의미가 크다.

항목	표준공식	의미
❶ 유동비율	유동자산/ 유동부채	◇ 단기부채(매입채무, 단기차입금 등)를 상환할 수 있는 충분한 단기 유동성(현금, 당좌자산 등)을 확보하고 있는지를 살펴보는 것으로, 부채감당능력의 측정에 있어 매우 중요하다. ◇ 일부 업종의 경우, 운전자금 이용의 적정율을 판단하는 지표로서의 의미도 갖는다.
❷ 영업활동 현금흐름	현금흐름 표 내 지표	◇ 영업이익의 추이와 함께 교차적으로 분석함으로써 의미를 더한다. 즉, 영업이익을 지속 창출함에도 불구하고 영업활동현금흐름이 불안정하거나 '마이너스(-)' 상태가 길어진다면, 이익의 진정성에 대한 의심을 수반한다.
❸ 현금영업 이익[53]	매출 및 매출원가, 판관비를 가감조정	◇ 영업이익을 지속 창출하고 있음에도, 자금부족에 늘 시달리는 기업의 경우. 유동성과 연동된 진정한 영업이익을 창출 중인지를 살펴볼 때, 현금영업이익을 활용해 볼 수 있다. 특히, 현금흐름표가 공시되지 않는 비외감 중소기업의 분석 보조지표로 활용할 필요가 있다.

---

53) 일반 영업이익창출 로직에서 현금주의 회계개념을 접목시키는 것으로 자산부채항목의 증감을 반영한 '현금기준 매출액'을 기준으로, 자산부채항목의 증감을 반영한 '현금지출 기준 매출원가'를 차감한 후. 판관비 항목 중 '현금유출이 없는 항목'을 가감하여 산출한다.

▶ 재무 안정성(Financial Stability)

'부채비율'과 '차입의존도'는 기업 재무안정성을 측정하는 대표적인 지표이다. 재무위험을 측정하는 다양한 지표가 존재함에도 불구하고, 회사의 기본적인 재무적 안정도를 가늠할 수 있는, 매우 긴요한 재무비율로 활용되고 있는 것이다. 여기에, 제3의 지표로 '차입금/EBITDA'를 살펴볼 필요가 있는데, 특정시점의 수익창출력 대비 부채상환능력을 나타내는 DSCR[54](총부채상환비율)과 유사한 점이 있으나, 기업의 EBITDA(수익창출력) 대비 전체 차입금 규모의 수준을 측정하는 지표로서 중요한 의미를 갖는다. 즉, 총 차입부채를 일정 기간 내 상환할 수 있는 수준의 EBITDA를 창출하고 있는지를 함께 살펴볼 수 있어, 재무적 안정성과 수익창출력을 유기적으로 연계하여 분석해 볼 수 있는 지표인 것이다.

항목	표준공식	의미
❶ 부채비율	총부채/ 자기자본	◇ 자기자본 대비 부채(타인자본)의 규모를 측정하여 기업 재무구조의 안정성을 확인하는 측면과, 부채의 상대적 규모를 가늠해 볼 수 있는 중요 지표이다. 다만, 장치산업 등 일부 업종은 통상 고율의 지표를 보이는 등 업종별로 평균치의 편차가 존재한다.
❷ 차입 의존도	차입금/ 총자산	◇ 회사의 자산 규모 대비 차입금 비중을 살펴보는 것으로 중소기업 등의 신용분석 시 매우 중요한 지표로 활용된다. 절대지표뿐 아니라 비율의 추세도 중요한 의미를 갖는다.

---

54) Debt Service Coverage Ration의 약자로, 이자비용 및 상환원금, 리스료 등 원리금 대비 영업이익의 비율을 의미한다. 금융이론서마다 기본 공식이 달리 설명되나, 정설은 Net Operating Income/Debt Service로 이해된다. (참고 : Wikipedia)

❸ EBITDA 대비 차입금 배수	차입금/ EBITDA	◇ 대표적인 차입금 상환능력 지표로서, (창출 EBITDA 기준으로) 차입금을 모두 상환하는 데 소요되는 기간을 산출하여, 수익창출력 대비 차입금의 과다 여부를 판단할 수 있다.

▶ 재무융통성(Capacity of alternative financing)

기업대출의 1차적 상환재원은 사업을 통해 창출된 영업이익이 될 것이고, 때로는 제공된 담보물의 처분대금이 될 수도 있다. 그럼에도, 전반적인 신용도가 제한적이고 담보력이 부족한 중소기업의 대출 심사에 있어서는 잠재적 상환재원으로서의 '재무유통성'이 측정되어야 한다. 예를 들어, 법인이 보유한 유형자산의 처분을 통한 현금흐름 확보여력이 감안되기도 하고, 경영실권자의 재력이나 자산현황이 고려되기도 한다. 나아가, 모기업 등 관계회사의 재무적/영업적 지원 여력이 기업의 재무융통성을 확대하는 요인이 될 수도 있다. 요컨대, 대표적인 재무융통성의 평가지표로는 ① 자산의 질적 현황 분석(예 : 유형자산의 비중, 환가성 등) 및 ② 대체자금 조달 여력을 꼽을 수 있으며, 재무위험 분석의 영역임에도 심사자의 주관적 판단의 영향을 받는 정성평가의 범주로 분류될 수 있을 것이다.

■ 재무비율 분석 시 유의사항 – 산업평균과 비교

재무안정성 지표는 매우 중요하지만, 이를 수익성 및 매출지표와 연계하여 분석할 경우 분석의 의미가 배가될 수 있다. 예를 들어, 모든 지표가 동반 악화되는 부실징후 기업과 달리, 영업이익율이 개선되는 추세에서의 재무안정성 악화는 다른 측면에서의 접근(예 : 시설자금 투입에 따른 설피투자의 효율화로 영업이 개선되고 있다는 접근)이 필요하다고 보는 방식이다. 더불어, 동일 산업 내 '매출액 대비 차입금 비중' 평균 치와 비교해 봄으로써, 해당회사의 차입금 규모가 매출실적 대비 과 도한지를 가늠해 보는 것도 의미를 가질 것이다.

즉, 일부 지표는 특정 산업 내 평균 비용과 비교하여 살펴보아야 만 정확한 진단이 가능할 수 있다는 것이다. 따라서 특정 기업의 절대지 표에 의존하지 말고, 실무적으로는 산업별 평균 비용을 살펴보고, 특 정회사의 지표가 어느 정도 수준인지를 가늠하는 식의 "상대적 분석" 이 고급 심사자의 분석기술이라 할 수 있다. 다음의 주요 업종별 안정 성 지표를 참고해 보자.

[참고] 주요 업종별 산업평균비율(2020년 기업경영 분석,[55] 한국은행)

구분	제조업		건설업	도소매업	숙박 및 음식업
	(대)	(중소)			
	C10~34		F41/42	G45/47	I55/56
차입의존도	17.8% (17.3%)	36.1% (35.4%)	26.8% (22.8%)	26.2% (25.7%)	41.9% (37.2%)
부채비율	61.5% (58.3%)	122.3% (122.0%)	109.1% (105.7%)	127.4% (127.9%)	253.3% (209.7%)
영업이익율	5.6% (5.5%)	5.0% (4.5%)	5.5% (5.5%)	2.6% (2.8%)	-5.1% (3.5%)
차입금 대 매출액	22.6% (20.2%)	39.1% (37.0%)	31.9% (22.4%)	17.2% (16.1%)	86.8% (60.9%)

---

55) 한국은행에서 연 단위로 공표하는 자료로, 한국은행 홈페이지에서 조회할 수 있 다. 표에 제시된 수치는 소수 둘째자리에서 반올림하였다. ( )는 2019년 수치이다.

■ 이상적인 재무비율(차입의존도와 부채비율)

심사적 경험으로 볼 때, 안정적 재무구조를 보유한 기업의 차입의존도는 대략 30%를 넘지 않아야 한다. 다만, 50%를 상회하는 차입의존도 보유기업보다, 10% 미만의 차입의존도 보유기업이 반드시 낫다고 단언할 수 없는 이유는, 해당 기업의 규모나 성향은 물론 영위업종의 특성이 자산대비 차입금의 규모를 결정하는 요인이 될 수 있기 때문이다. 이에, 실무에서는 업종별 재무비율 평균치를 적극적으로 참고해야 한다. 즉, 주요 비율의 산업평균치와의 비교를 통해 신청기업의 재무지표가 평균치 대비 어느 수준에 위치해 있는지를 판별해야 하는 것이다. '부채비율'의 경우에도, 통상 200%를 넘는 경우 적극적인 신용공여가 어렵다고 보는 것이 일반 심사자의 시각[56]이라 판단된다. 다만, 일부 업종의 경우 평균 부채비율이 높아, 단순 가이드라인만으로 특정 기업의 재무안정성을 측정하는 데에는 무리가 따를 수 있다.

---

56) 국내 매출기준 1천대 상장기업의 2018년 상반기 기준 부채비율이 평균 174%로 집계된 바 있다. (출처 : 한국 CXO연구소)

Credit 심사 – (2) 재무정보의 보정

　숙련된 대출 심사자는 재무제표(외감법인의 감사보고서 포함)상 수치에 대한 자체 보정(correction)을 통해 변형된 지표와 재무비율을 기준으로 심사를 수행하기도 한다. 이는, 회계자료상의 수치가 현행 '회계기준'을 적용하여 (세무사, CPA 등 회계전문가의 컨설팅을 받아, 해당기업에 의해) 작성된 것으로서, 자산의 측정이나 원가의 산정 시 해당 기업의 입장과 이해관계가 일정 부분 고려된 값으로 제시될 수 있기 때문이다.

■ 재무비율의 보정능력 1 – 자산의 보정

　회계학의 관점에서 '자산'의 사전적 정의는, 과거의 거래나 사건의 결과로 현재 회사가 통제하고 미래에 경제적 효익을 창출할 것으로 예상되는 자원을 의미(중소기업회계기준 제 6조)하며, 이러한 자산은 해당 항목에서 발생하는 미래 경제적 효익이 회사에 유입될 가능성이 매우 높고, 그 원가를 신뢰성 있게 측정할 수 있는 경우에 한해 인식이 가능하다. 그럼에도 다수의 중소기업 재무상태표에 계상된 자산에는, 종종 현금유입의 가능성을 의심케 하는 항목이 포함되어 있는 것이 사실이다. 예를 들어, 진부화가 이미 진행되어 판매 가능성이 현저히 낮은 '재고자산'이나, 신용도가 저하된 관계사 앞 지분투자로 인한 '투자자산', 대표이사 등 특수관계인에게 빌려준 '대여금', 회계적 인식요건을 충분히 고려하지 않은 채 계상된 '무형자산'이 대표적인 자산항목이라 하겠다.

　모든 기업에 있어 이러한 유형의 자산을 세밀하게 분석하는 것은 쉬운 일은 아니다. 다만, 특정 자산의 규모가 지나치게 크거나 회사의 유형에 어울리지 않는 자산 항목에 대해서는 추가자료 분석을 통해 그 자산의 실현 가능성에 대한 검토는 꼭 필요하다. 이러한 추가 검토를 통해 보정된 수치를 주요 지표의 해석 단계에서 활용하는 것이 숙련된 심사자의 역량이라고 판단된다. 즉, '자산의 질' 측정을 통해 총자산 규모를 보정하여 진정한 자산 규모 및 관련된 재무비율을 산출해 내는 것이다.

[참고] 자산 보정의 사례					
과목명	세부과목	재무상태표 계상액	보정	보정사유	보정 후
총자산	현금/매출채권	3,000			3,000
	재고자산	1,000	▼ 200	부패, 진부화	**800**
	대여금	500	▼ 300	신용도 열위한 임원 앞 대여금	**200**
	무형자산	500	▼ 500	인식요건 불비	**0**
	소계	5,000	▼ 1,000		**4,000**
총부채 (차입금)		3,000 (2,000)	-		3,000 (2,000)
자기자본		2,000	▼ 1,000		**1,000**

☞ 재무비율 보정 효과

구분	보정 전	보정 후	비고
부채비율	150%	300%	= (3,000/1,000) × 100%
차입의존도	40%	50%	= (2,000/4,000) × 100%

[정리] 무형자산의 개념

무형자산 인식요건	◇ **인식요건**(다음 조건을 모두 충족 시에만 인식 가능) (1) 미래 경제적 효익이 기업에 유입될 가능성이 매우 높다. (2) 자산의 원가를 신뢰성 있게 측정할 수 있다.

■ 재무비율의 보정능력 2 – 차입금의 보정

흔하지는 않지만 차입금의 측정에 있어 종종 정확하지 않은 지표가 발견되곤 한다. 가장 대표적인 오류는, 재무상태표상 차입금 중 일부가 재무비율 계산 시 누락됨으로 인한 수치의 오류 사례이다. 주로 유동성장기차입금, 사채, 관계사 차입금 등을 누락하는 경우가 있고, 회계 오류 수정에 따라 차입금 일부가 누락되어 추후 반영했음에도 신용평가회사 재무지표 등에 반영되지 않는 경우이다.

또 하나, 회계기준의 변화를 지표가 반영하지 못하는 경우이다. 예를 들어, 리스부채는 기업회계기준서(K-IFRS) 1116호에 따라 2019년부터 소급적용하고 있는데, 기존 운용리스 사용기업의 경우에도 사용권자산과 리스부채를 동시에 인식하게 되므로, 해당 리스부채를 차입금에 가산해야 하는 이슈가 있다. 한편, 기존에 차입금으로 계리하던 항목을 리스부채로 인식하는 사례도 관찰된다. 이러한 경우에도, 재무상태표에 분리 계리된 리스부채를 차입금에 가산하여 관련 재무비율을 재산정해야 하는 등의 보정조치가 필요하다. 다음의 사례에서와 같이, 회사의 차입금에 회계기준 변경에 따라 분리 계상된 리스부채를 포함해야 차입금 관련 지표의 왜곡을 방지할 수 있다. 이렇듯 정확한 분석을 이해하기 위해서는, 회계기준 변화에 대한 학습과 업데이트가 필히 요구된다.

〈W사-제조/도소매, 서비스〉 - 총자산 1,900억 원, 일반차입금 190억 원, 리스부채 180억 원		
구분	**지표**	**리뷰**
단순 차입금 의존도	10%(= 190/1,900)	회계기준변경에 따라 분리 계상된 리스부채 누락
보정 차입금 의존도	19.5%(= (190 + 180)/1,900)	리스부채를 반영한 실질 차입금이 고려된 재무비율

■ 재무비율의 보정능력 3 – 영업이익의 보정 : 현금영업이익의 활용

중소기업의 심사 시, 지속적으로 영업이익을 시현 중임에도 재무안정성은 개선되지 않는 경우를 흔히 볼 수 있다. 이 경우, 신고한 영업이익이 진정한 이익인지에 대한 막연한 의심이 수반된다. 이때, 분석과정에서 활용해 볼 수 있는 개념이 '현금영업이익'이다. 즉, 현금영업이익이란, 일반 손익계산서상 영업이익에 현금주의 회계개념을 접목시켜 산출한 '현금기준 영업이익'을 의미한다. 필요시 다음의 공식을 활용하여 직접 추정해 볼 수도 있고, Cretop 등 신용정보 제공기관에서 제공하는 수치를 직접 활용할 수도 있다.

현금영업이익의 산출로직과 사례
◇ **산출로직** : 자산항목의 증감을 반영한 현금기준 매출액을 기준으로, 자산부채항목의 증감을 반영한 현금지출 기준 매출원가를 산정한 후 판관비 항목 중 '현금유출이 없는 항목'을 가감하여 산출한다.

◇ **산출 예시**

(단위 : 백만 원)

항목		현금 I/S	I/S	B/S
1. 매출을 통한 현금유입액		3,221		
	가. 순매출액	3,430	3,430	
	나. 매출채권 증감	-219*		▲ 219(자산)
	다. 선수금 증감	10*		▲ 10(부채)
2. 현금지출 매출원가		-3,301		
	가. 매출원가	-3,199	-3,199	
	나. 퇴직급여(제조원가)			
	다. 재고자산 증감	63*		▼ 63(자산)
	바. 매입채무 증감	47*		▲ 47(부채)
	사. 선급금 증감	-212*		▲ 212(자산)
3. 현금매출 총이익		-80		
4. 현금지출 판매관리비		-82		
	가. 판매관리비	-96	-96	
	나. 감가상각비	1		
	다. 퇴직급여(판관비)	0		
	라. 선급비용 증감	0		
	마. 미지급비용 증감	13*		▲ 13(부채)
5. 현금영업이익		**-162** (현금영업이익)	136 (영업이익)	

* 자산증가(부채감소)는 현금영업이익의 감소 요인, 자산감소(부채증가)는 현금영업이익의 증가 요인임

[B/S]

항목	2020	2021	증감	항목	2020	2021	증감
매출채권	290	509	▲ 219	매입채무	136	183	▲ 47
선급금	3	215	▲ 212	선수금	10	20	▲ 10
재고자산	156	93	▼ 63	미지급비용	17	30	▲ 13

◇ **분석** : 본 기업은 매출액 3,430백만 원 달성을 통해 영업이익으로 136백만 원을 신고했지만, 현금영업이익 기준으로는 -162백만 원의 영업손실이 발생한 것으로 분석된다.

■ 재무비율 보정능력 4 - '순운전자본'의 추세 파악

중소기업의 심사 시, 통상적인 매출액 증가는 긍정요인으로 인식된다. 신용분석가들이 선정한 중소기업의 부실징후 중 빠지지 않는 절대적 지표가 '판매부진'인 점을 보더라도 알 수 있을 것이다. 다만, '순운전자본(매출채권 + 재고자산 – 매입채무) 증가율'이 '매출액 증가율'을 상회하는 경우, 오히려 유동성 부족으로 인해 대금지급에 실패하여 부도의 단초가 되는 경우를 드물지 않게 관찰할 수 있다. 즉, 순운전자본의 규모가 급격하게 상승하는 중소기업에 대해서는 매출액 증가 속도와의 비교를 통해, 유동성 악화 여지가 존재하는 것은 아닌지를 살펴야 하는 것이다. 왜냐하면, 매출채권과 재고자산이 대금의 회수로 전환되는데 어려움이 있는 상태에서, 금융기관으로부터 운전자금대출 수혜가 원활하지 않는 상황이 겹친다면, 매입채무 등 단기부채를 상환에 필요한 유동성에 문제가 생겨, 지급불능(= 부도)에 이를 수 있기 때문이다.

한편, 영업활동현금흐름의 측정에 있어, 매출채권 및 재고자산의 급격한 증가는 현금의 감소요인이 되는바, 순운전자본이 급격하게 증가하는 회사의 경우 영업활동현금흐름의 추세와 연계한 종합적인 유동성 분석이 필요하다. 더불어, 매출액이 감소하는 추세임에도 불구하고 매출채권 및 재고자산은 오히려 증가하는 패턴을 보인다면 재고자산의 진부화 또는 매출채권 부실의 신호일 수 있음을 감지해야 한다. 이렇듯, 중소기업의 운전자본 분석은 의외로 종합적 판단능력을 요하는 고도의 심사 영역이라 할 수 있을 것이다.

◇ **계산방식** : '순운전자본은 유동자산'에서 유동부채를 차감한 잔액으로 정의[57]되는데, '매출채권 + 재고자산 - 매입채무'로 단순 계산되기도 한다.

◇ **의미** : 순운전자본은 기업의 영업활동에 필수적인 영업자본으로서 기업의 단기 지급능력을 대변하는 자금(capital)이다. 일반적으로는 양(+)의 값을 유지하는 것이 바람직하나, 매출채권 및 재고자산의 절대규모가 과도하거나 급격하게 증가하는 경우, 자본의 효율성을 저해하는 한편 회사의 유동성에 부담을 초래하는 양면성을 보유한다. 이러한 의미에서 순운전자본의 규모를 적절한 수준으로 유지하는 순운전자본 관리가 중소기업의 재무관리 측면에서 매우 중요하게 인식되고 있는 것이다.

EBITDA 분석과 활용

'EBITDA(에빗타)'는 발생주의 회계에서의 '영업이익'이 가진 한계를 보정하는 가장 대표적 지표라 할 수 있다. 즉, 회사의 고유 사업을 통해 창출한 매출총이익에서 판관비를 차감한 영업이익은, 감가상각비 및 무형자산상각비와 같은 회계학적 비용(실제로 현금이 유출되지 않은 비용)이 차감된 수치이기 때문에, 이러한 회계학적 비용을 다시 가산함으로써 진정한 의미의 이익 지표를 산출하여 활용하는 것이다. 이러한 EBITDA의 산출은, 종종 일부 변형된 공식이 제시되기도 하지만, 다음의 공식을 정설이라 보면 될 것이다.

---

57) Working capital is the difference between current assets and current liabilities.
(출처 : WIKIPEDIA)

☞ EBITDA(Earning Before Interest, Depreciation and Amortization)

= 영업이익 + 유형자산 감가상각비[58] + 무형자산상각비[59]

■ EBITDA의 활용

일반적으로는 주 사업의 영업활동을 통해 창출한 실질 영업이익으로서 그 창출된 절대치가 중요하지만, 채권자인 금융기관의 입장에서는 ① 금융비용(이자비용)을 충당할 수 있는 수준의 EBITDA를 창출하고 있는가? 또는 금융비용 대비 몇 배 수준의 EBITDA를 창출 중인가? ② EBITDA를 기준으로 차입금을 상환하는데 얼마나 걸릴 것인가?를 판단하는 지표로 활용된다.

전자의 경우, 일반 이자보상배율(= 영업이익/금융비용)의 맹점을 보완하며, 후자의 경우 총차입금 또는 순차입금(총차입금 - 현금성 자산)과의 배수 비교를 통해 (차입금 상환에 소요되는 기간을 추정함으로써) 차입금 상환능력을 측정하는 것이다. 이러한 이유로, 신용평가기관에서 기업의 상환능력을 평가할 때 '차입금/EBITDA'[60] 지표가 기본적으로 사용되고 있다.

---

58) 제조기업의 경우 재무제표 부속명세서로 제조원가명세서를 작성하는데, 통상의 제조원가명세서상 경비항목(당기총제조비용 중 재료비, 노무비를 제외한 항목) 내 감가상각비가 별도로 표기된다. 이러한 제조원가명세서상 감가상각비도 EBITDA 산출 시 고려해야 한다.

59) 무형자산의 상각 기간은 통상 20년을 초과할 수 없으며, 별도의 합리적 상각방법을 정할 수 없는 경우 정액법을 사용하여 상각한다.

60) 회사채 발행기업에 대한 신용평가기관의 등급 부여 시, 통상 '차입금/EBITDA 배율'이 5배를 넘는 경우 차입금 과다 보유기업으로 평가하는 것을 확인할 수 있다. 다만, 중소기업의 경우 동 배율이 10배를 초과하는 경우도 흔히 보게 된다.

[정리] EBITDA를 활용한 재무비율 분석

항목	표준공식	의미
EBITDA 이자 보상배율	EBITDA/ 이자비용	◇ 영업이익 대신 EBITDA를 기준으로 이자비용 감 당능력을 측정하는 지표로, 일반 이자보상배율 의 맹점을 보완하는 보조지표로 활용한다.
EBITDA 대비 차입금 배수	차입금/ EBITDA	◇ 차입금 상환능력 지표로 EBIDTA를 통해 차입금 을 상환하는 데 소요되는 기간을 측정함으로써, 차입금 과다 여부를 측정한다.
EBITDA 마진	EBITDA/ 매출액	◇ 영업이익율(영업이익/매출액)과 유사한 개념으로, 실질 영업현금흐름을 감안한 영업수익성 지표 를 산출하는데 활용된다.

EBITDA는 단순하지만, 금융기관 대출 담당자에게서는 손익계산서 기반 분석기법에서는 가장 중요한 지표이자 출발이라고 생각한다. 나아가, 차입금 규모 및 금융비용과의 배율 분석을 통해 실질적 재무위험을 측정하는 과정에서도 매우 중요한 지표이다. 따라서 EBITDA를 계산해 내고, 이를 중심으로 회사의 현금보유액을 추정하는 한편, 금융비용충당능력과 차입금 상환능력을 측정하는 기술과 숙달도는 금융기관 여신 실무자에게 있어 매우 중요하다 할 수 있다.

[정리] EBITDA와 현금보유액의 관계

◇ EBITDA와 '현금' 보유액은 연동된 개념이다. 즉, 영업이익을 기반으로 산출된 EBITDA에서 순운전자본변동액을 가감하고, CAPEX[61] 투자액과 리스료 및 이자비용, 법인세를 차감하면 해당 회계 기간의 현금액 증감액을 산출할 수 있다. 이를 공식으로 표현하면 다음과 같다.

---

61) CAPEX(Capital expenditures, 자본적지출)는 미래의 이윤 창출을 위해 지출한 비용으로, 기계, 부동산 등 유형자산의 구입 및 개량 등에 사용된다.

대출 담당자의 회계지식 & Credit 심사 마무리

금융기관 기업대출 실무자 또는 심사 담당자에게 일정 수준의 회계 지식 장착은 꼭 필요하다. 즉, 최소한의 회계학 개념을 갖추지 못한 상태에서 기업의 재무제표를 해석하여 여신 의사결정을 하는 것은, 건축학의 기본을 이해하지 못한 상태에서 터를 닦고 건물을 짓는 것과 다름없는 행위인 것이다. 필자는, 대학에서 중급회계와 원가회계를 포함한 다양한 학습을 통해 중급 이상의 회계학 지식을 갖춘 상태에서 은행에 입사했고, 15년여간 심사 유관부서에 근무하며 심사 담당자로서 회계 개념을 응용할 기회를 가졌다. 더하여 MBA과정에서도 국제기준회계학을 외국 급우들과 스터디하며, 'Accounting'이라는 과목의 무구함에 질리기도 하였다. 그만큼 회계학은 깊고 방대하며, 그 기준과 정책이 계속해서 바뀌고 있어 더 어려운 영역이기도 하다.

■ 대한민국의 회계기준 체계

공식적으로 인정된 기업회계기준이 3개나 존재하는 사실을 모르는

---

62)   특정 회사의 기업가치산정(valuation) 시 활용하는 잉여현금흐름(Free Cash Flow)
      은, "EBITDA ±순운전자본변동 - CAPEX - 리스료 지출 - 법인세"로 계산된다.

여신 담당자가 다수일 것으로 예상된다. 가장 대표적인 'K-IFRS'를 필두로, '일반기업회계기준'과 '중소기업회계기준'이 존재하며, 회계기준별 적용 대상과 세부 기준은 한국회계기준원 홈페이지(*www.kasb.or.kr)에서 조회해 볼 수 있다. 이러한 회계기준 체계를 이해하고 그 적용 대상을 살펴보는 것은 매우 중요하다. 왜냐하면 독자들이 분석하고자 하는 기업의 규모와 성격에 부합하는 회계기준을 살펴야만, 해당 숫자들이 계리된 정확한 사유와 정황을 이해할 수 있을 것이기 때문이다.

[정리] 대한민국 기업회계기준 체계

회계기준 구분	설명	적용 대상
한국채택국제회계기준(K-IFRS)	◇ 한국회계기준원에서 국제회계기준을 근거로 제정한 회계기준	◇ 상장법인 및 금융회사
일반기업회계기준	◇ 외감법 적용 대상기업[63] 중 한국채택국제회계기준을 적용하지 않는 기업이 적용해야 하는 회계기준	◇ 외부감사 대상 주식회사[64]

---

63) 주식회사 등의 외부감사에 관한 법률 시행령 제5조(외부감사의 대상)①항에 따라, 아래 다음 각 호의 하나에 해당하는 회사는 외감법 적용 대상으로 한다.

항목	세부 요건
자산총액 기준	◇ 직전 사업연도 말의 자산총액이 500억 원 이상인 회사
매출액 기준	◇ 직전 사업연도의 매출액이 500억 원 이상인 회사
다음 각 목의 사항 중 2개 이상에 해당하는 회사	◇ 직전 사업연도 말의 자산총액이 120억 원 이상 ◇ 직전 사업연도 말의 부채총액이 70억 원 이상 ◇ 직전 사업연도의 매출액이 100억 원 이상 ◇ 직전 사업연도 말의 종업원이 100명 이상

64) 외감 중소기업의 경우, 일반기업회계기준 31조(중소기업회계처리 특례)에 따라, 일부 영역에서는 예외적 회계 처리가 허용된다. 예를 들어, (1) 시장성 없는 지분증권의 회계 처리 (2) 관계기업에 대한 지분법 적용 예외 (3) 유형자산, 무형자산의 내용연수와 잔존가치 결정 (4) 이연법인세의 적용 배제 등이다.

중소기업 회계기준	◇ (상법 446조의2 및 시행령 15조3호에 따라) 법무부장관이 금융위원회 및 중소기업청과 협의하여 고시한 회계기준	◇ 외부감사 대상 이외의 주식회사

* 출처 : 한국회계기준원(KAI)

■ 고급회계(Advanced Accounting) 이해의 필요성

최근 한 중견기업에 대한 대출 신청 건을 검토하던 중, 해당 회사 재무상태표에 거액의 '이연법인세부채'가 계상된 것을 발견하였다. 해당 회사 연간 매출액에 육박하는 규모의 이연법인세부채가 계상되었으나, 일반 심사지식으로는 정확한 답안을 얻기 어려운 상황에 이르게 된다. 조금 더 찾아보고 탐구해 본 결과, 해당 회사는 자산재평가과정에서 큰 폭의 유형자산 가액 증가와 관련된 거액의 이연법인세 부채가 계상된 것을 확인할 수 있었다. 이처럼 심사 실무에 있어서는 고급 수준의 회계정보를 동원하고 탐색해야 하는 경우가 종종 발생한다.

'이연법인세'의 개념[출처 : 한국회계기준원 자료(법인세회계)]
◇ 자산의 장부가액이 세무기준액을 초과하는 경우 과세 대상 경제적 효익이 세무상 손금으로 차감될 금액을 초과하게 될 것이며, 이러한 차이가 '가산할 일시적 차이'이다. 이후, 자산의 장부금액을 회수할 때 가산할 일시적 차이가 소멸되며 과세소득이 발생하게 될 것이고, 이에 (미래회계 기간에) 법인세를 납부하게 되어, 이를 '이연법인세부채'로 인식한다.
〈이연법인세부채가 인식되는 기간적 차이(가산할 일시적 차이)의 예〉
◇ 이자수익(발생기준회계이익과 과세소득 포함 시기의 차이) ◇ 세무상 감가상각누계액 〉 회계상 감가상각누계액 ◇ 자산재평가(자산 재평가 후, 세무상 동일 조정 생략 시) ◇ 종속기업, 관계 기업 등에 대한 투자자산 외

그럼에도, 현행 금융기관의 심사과정에서 고급회계가 동원되는 사례가 그리 흔한 것은 아니다. 특히, 중소기업 등의 경우 회계 처리 기준이 통상의 회계지식으로 해석하기에 큰 어려움이 없을 것이다. 그러나 회사의 규모가 커지거나 특수 업종을 영위하는 경우를 고려한다면, 회계지식은 넓고 깊을수록 좋다. 보다 양질의 분석을 통한 고급 심사가 가능하기 때문이다. 지분법회계나 연결회계, 이연법인세회계, 파생상품회계, 리스회계 등에 대해서 더 많은 지식을 획득한 자가 분석하여 제시하는 논리는 그 제시한 방향성에 대한 신뢰도를 높이게 된다.

[참고] 고급회계(Advanced Accounting)의 대표 영역

구분	주요 내용
연결 회계	◇ **적용기준**[65] : 지배기업이 (종속기업 지분의) 과반수 의결권을 보유하거나 '사실상의 지배력'을 갖는 경우 ◇ **회계 처리** : 지배기업과 종속기업의 자산, 부채, 자본, 수익/비용을 각각 합산하되, 일부 조정(지배기업 투자자산의 장부가액과 종속기업의 지배기업 지분 제거, 종속기업 당기순손익 중 비지배지분을 식별 등) 수행
지분법 회계	◇ **적용기준** : 유의적 영향력을 갖는 피투자기업(관계기업) 관련 투자분을 '지분법적용투자주식'으로 인식하고, '지분법이익(순이익 × 지분율 - 내부거래)'을 계상 ◇ **지분법적용투자주식** : 투자기업은 지분법적용투자주식을 원가로 인식한 후, 이후 발생한 지분변동액을 지분법적용투자주식에 가감
이연 법인세 회계	◇ (수익·비용 대응의 원칙을 좇아) 법인세차감전순이익(EBT)에 대응하는 '법인세비용'을 산출하는 **재무회계**와, (권리의무 확정주의를 따르는) **세무회계** 로직상 수익·비용의 인식 시기 차이에 따른 '세무 기준액 등'의 차이를 이연법인세자산/부채로 인식

---

65) 일반기업회계기준의 개정으로, 지배기업이 외감법인인 경우 피지배회사(종속기업)의 외감 여부에 관계없이 연결범위에 포함하여 연결재무제표를 작성해야 한다. (유예 기간 종료 후 2022년 이후 재무제표부터 적용)

파생 상품 회계	◇ 파생상품 보유 시 관련 계약에 따라 발생된 권리와 의무를 각각 자산·부채로 인식하며 **'공정가액'**으로 평가 (매매 목적으로 보유하는 파생상품의 평가손익은 당기손익으로, 위험회피수단으로 지정된 파생상품 평가손익은 위험회피 유형별 세부기준에 따라 계상)

* 출처 : 각종 블로그 자료, K-IFRS, 일반기업회계기준 등

■ 원가회계 : '제조원가명세서'의 해석

제조기업의 EBITDA 계산과 관련하여, 실무 단계에서 이를 직접 산출하기에 어려움이 존재한다. 이는 제조원가에 포함된 감가상각비를 발라내는 작업의 기술적 어려움에 따른 것이다. 물론 감사보고서 주석에서 '감가상각비' 항목을 따로 분리하여 보여 주는 경우에는 그 수치를 활용하면 되지만, 그렇지 않은 경우라면 제조원가명세서의 기본적 이해를 통해, 제조간접비(Overhead Cost)[66]에 포함된 감가상각비를 직접 확인하는 절차가 필요할 수 있다.

나아가, 제조기업에 있어 원가회계 및 관리회계의 영역에서 회계처리 기준과 프로세스를 이해한다면, 제조원가(나아가 매출원가)가 잘못 측정되었을 경우, 손익계산서상 매출총이익 및 영업이익에 연쇄적 오류가 발생할 수 있음을 자연스럽게 알 수 있다. 즉, 심사자는 재공품이나 원재료의 합리적 배분이 이루어지지 않아 재고자산의 가액 시 실제보다 과대평가되므로 매출원가를 축소계상하게 되고, 이에 따라 실질 영업이익보다 과도하게 산출될 수 있다는 연결고리를 이해할 수 있어야 한다. 따라서 제조원가명세서 등 부속명세서를 찾아 이를 해

---

66) 제조간접비(Overhead Cost)란 다량의 제품 제조과정에서 공통으로 발생되는 비용으로 특정 제품 또는 공정에 직접 부과할 수 없는 제반 경비로서, 간접 재료비, 간접 노무비 외에 전력, 유틸리티, 감가상각비, 보험료 등을 포함한다.

석하고 이해할 수 있다면, 해당 실무자의 기업 분석능력은 고도의 심사기법과 결부하여 필수 불가결한 항목이 될 수 있을 것이다.

[정리] 제조원가명세서의 구성 및 원가 계산방식

A	I. 재료비		= B + C - D	재무제표 반영
B	기초재료재고액	(+)		
C	당기재료매입액	(+)		
D	기말재고재고액	(-)	→→→	B/S상 재고자산 (원재료)
E	II. 노무비		공장 근로자 급여	
F	III. 경비		공장 전기요금, 유틸리티 비용, 공장 및 기계 감가상각비 등	
G	IV. 당기총제조원가		= A + E + F	
H	V. 기초재공품원가	(+)		
I	VI. 기말재공품원가	(-)	→→→	B/S상 재고자산 (재공품)
J	VII. 타계정대체액	(-)		
K	VIII. 당기제품제조원가		= G + H - I - J	

상기의 표에서 보듯, '제조원가명세서'상 당기제품제조원가는 당기 발생한 재료비(기초재고 + 당기매입 - 기말재고), 노무비, 경비의 합산을 통해 산출한 '당기총제조원가'에, '기중 재공품 변동액'을 가감하여 최종 산출된다. 이에, 제조기업에 대한 심사 담당자는 재무상태표상 재고자산이 계리되는 원천 로직과, 원재료(Raw Material), 재공품(Work In Process) 및 제품(Product) 단계별 원가 배분로직이 핵심인 원가회계의 기본이론 이해를 통해, 손익계산서상 매출원가(제조원가명세서상 '당기

제품제조원가'에 '기초 제품원가'를 합산한 후 '기말 제품원가'를 차감하여 '매출원가'를 산출)가 결정되는 흐름을 이해하게 되어, 영업이익과 당기순이익 산출까지 이어지는 유기적 손익창출 체계를 넓은 시각으로 접근해 볼 수 있을 것이다.

■ Credit 심사 마무리

앞서 '자금용도 심사'의 중요성에 대해 언급했지만, 사실 '심사'의 본질에 가장 부합하는 영역은 바로 'Credit 심사'라 할 것이다. 정리하자면, Credit 심사는 사업위험과 재무위험을 종합적으로 분석하여 신청된 금액을 차입부채로써 감당할 수 있는지를 결정하는 과정이다. 이러한 결정 행위에는 그 회사만의 Character와 Capacity 측정과정을 포함하며, 일정 수준의 회계지식을 바탕으로, 제시된 재무수치에 대한 보정이 필요할 수 있다.

Credit 심사는 때로는 난해하며 고도의 기술적 분석과 정성적 판단이 결부되어야 하는 영역이다. 반복하지만, 정답이 존재하지 않는 영역이다. 따라서 재무수치에 대한 기본적 이해를 바탕으로 회사를 분석하는 경험의 축적이 필요하고, 동료 또는 상위자, 하위자와의 충분한 협업을 통해 정보에 대한 오류를 줄이는 한편, 판단에 대한 정확도를 늘이려는 반복된 노력만이 최선이라 할 수 있을 것이다.

[II-5] 담보 심사

물적 담보 일반

담보물의 심사는, 다소 기술적인 분석이 요구되는 영역으로, 기업대출과 같이 상대적인 거액여신에 대해 제공하는 담보물의 취급 시에는 그 분석 및 심사의 가치를 더하게 될 것이다. 금융연수원의 전문서적인 『여신 심사 및 관리』(5판, 이기만, 정윤섭 외)에서는 '담보평가의 기본 원칙'을 다음과 같이 4가지로 설명하고 있다.

원칙	내용
확인주의	◇ 물적 현황 및 권리관계 등을 확인해야 함(물적 확인 작업을 전제로 하여 소유권, 제한물건 등 권리관계를 조사해야 함)
보수주의	◇ 보수적 관점에서 감정해야 하고, 담보감정에 있어서는 여신 기간 동안 미래의 불확실성이 내재한다는 점을 고려해야 함
처분주의	◇ 담보감정은 채권 기간 중 원하는 때에 적정한 금액으로 조기에 환가처분을 할 수 있는가라는 관점에서 접근해야 함
현황주의	◇ 공부상 지목이나 용도에 상관없이 현실적인 이용상태를 기준을 판단해야 함

요약하자면, 물적 담보의 심사는 해당 물건의 현황과 권리관계의 정확한 확인에서 시작하되 해당 담보물의 이용현황을 기준으로 판단하며, 담보가치의 측정에 있어서는 보수적 관점을 견지하되 처분가치 등 환가성을 고려한 평가가 전제되어야 할 것이다.

■ '환가성(Marketability)'과 '안정성(Stability)'

담보물의 심사는, 담보물의 기본가치(감정가액, 추정가액)를 기준으로 수행되며, 차주에게 상환불능 등의 사유가 발생할 경우 '해당 담보물을 적시에, 제값을 받고 처분이 가능한지'에 대한 추정과정이라 할 수 있다. 즉, ① 담보물의 적시 처분 가능성(= 환가성, marketability)과 ② 평가(감정) 시점의 현황을 유지하여 제값을 받고 처분(매각)이 가능할지(= 안정성, stability)와 관련된 이슈이다. 이러한 관점에서, 모든 물적 담보물에 대해서는 '환가성'과 '가치의 안정성'을 모두 고려한 접근이 필요한 것이다.

다음에서는, 다양한 물적 담보 중 부동산 담보물에 대한 심사과정을 순서대로 살펴보고자 한다.

■ 공부(公簿)[67]의 종류와 해석 기준

금융기관 직원은 늘 여러 종류의 담보 관련 서류를 접하게 된다. 그럼에도 불구하고, 각 서류가 가지는 의미를 모두 정확하게 이해하기는 의외로 어렵다. 따라서 관행적으로 징구하는 서류의 종류를 짚어보고, 그 용도와 내용을 살펴보는 것은 의미가 있을 것이다.

---

67) (국가기관, 관공서에서 법규에 따라 작성하고 비치하는) 공적 장부.

[정리] 부동산 담보 관련 주요 서류와 용도

구분	구성	(주요) 포함 내용	용도
등기부 등본[68]	표제부 (건물, 토지, 대지권 등 표시)	◇ 지번, 토지지목, 면적 ◇ 건물내역과 등기원인	◇ 부동산 규모 및 동일성 확인
	갑구 (소유권)	◇ 소유권 변동, 가등기, 압류/가압류 등기, 경매개시 결정등기, 가처분등기 등	◇ 소유자 내역(변동이력 포함): 압류 등 권리침해 여부 및 이력 파악, 금지사항 등기 등 파악
	을구 (소유권 이외)	◇ 소유권 이외의 권리(저당권, 전세권, 지상권 등)	◇ 권리설정 여부 확인 통해, 금융거래 이력 및 채무부담 규모를 측정
토지이용계획 확인서 (원)		◇ 지번 및 지적평면도, 지목 등 기본 지적 현황 ◇ 토지이용 및 규제 관한 사항(예 : 용도지역, 용도지구, 도로접합내역 등 표기)	◇ 담보토지의 기본적인 특성 파악 및 활용(개발) 범주 및 제약사항에 따른 환가성 예측
건축물관리대장		◇ 건축물의 표시와 소유자에 관한 사항(총괄표제부와 일반건축물대장으로 구성) ◇ 지번, 구조, 용도, 건폐율/용적율, 현황, 사용일, 소유자현황 등	◇ '건물'의 사용승인일, 소유주, 면적 등 기본 특성 파악 및 동일성 판단
토지(임야)대장		◇ 지번, 지목, 면적, 연혁과 소유자, 공시지가 등	◇ 토지의 동일성 판단 및 지목변경이나 분할/합병 등 히스토리 파악
지적(임야)도		◇ 지번, 지목, 경계, 방위 등을 도면으로 표시	◇ 토지의 입지와 경계 등을 상세하게 확인

---

68) 등기소의 등기부를 그대로 옮긴 것으로, '등기사항전부증명서'와 같은 의미.

▶ 공부 읽기(등기부등본 갑구)

부동산을 담보로 하는 대출의 상담과정에서 미리 부동산등기부등본(등기사항전부증명서)을 통해, 담보물과 연계된 각종 정보를 분석하게 된다. 이 경우, '을구'상의 권리내역(저당권, 전세권 설정내역 등) 확인을 통해 관련 채무정보의 파악도 중요하지만, 소유권 관련 권리. 즉 '갑구'상 소유권 및 특이한 권리제한이 존재하는지를 따지는 절차는 더 중요한 절차라고 판단된다. 왜냐하면, 갑구상 소유권 변동내역과 각종 권리침해(예 : 압류, 가압류, 가처분 등) 사항 등기의 확인을 통해 소유자의 취득 경위, 신용행태에 대한 다양한 분석이 가능하기 때문이다.

특히, 다음에 정리한 '갑구'상 제약사항에 대해서는 담보물의 처분 시 회수 가능액에 적지 않은 영향을 주게 되므로, 대출의사 결정 시 중요한 정보로 활용된다. 왜냐하면, 환가성이 확보되고 충분한 유효담보가액이 확보되는 경우에도, 압류 등 권리침해 등기가 있는 경우 해당 담보물을 활용한 안정적 채권보전에는 상당한 영향을 주기 때문이다.

[정리] 특이한 공부의 유형과 유의사항(등기부등본 '갑구')

종류	개념 설명	실무상 유의사항
가압류	◇ 채권 강제집행을 보전하기 위해 (미리) 채무자의 재산을 동결하는 법원의 처분(일정 가압류 요건이 소명되어야 등기설정이 가능)	◇ 차주 신용상태 악화에 의해 야기된 가압류 물건은 담보로 취득하지 않는 것이 바람직하다. (안전성 결여)
압류	◇ 금전채권에 대한 강제집행의 착수(1단계)로서, 집행기관이 채무자 재산의 처분권을 제한하는 강제적 행위	◇ 실무적으로는 세무관청의 압류가 다수이며, (소유자의 압류 해소 의지를 확인하는 한편) 압류권자의 강제경매 실행 가능성을 고려해야 한다.

소유권 이전 청구권 가등기	◇ 매매계약과 동시에 소유권 이전 등기 시점 확보를 위해 예비로 등기하거나, 매매계약체결 전 장래 매매계약의 예약을 위해 행하는 가등기	◇ 가등기 이후의 저당권 설정 시 직권말소 소지가 있으므로, 담보로 설정/활용하지 않음이 안전하다.
환매 특약 등기	◇ 매매계약과 동시에 매도인이 환매(다시 사옴)할 권리(환매권)를 유보 후, 일정 기간 내 그 환매권을 행사할 수 있는 내용을 표시한 등기	◇ 특약이후 설정한 저당권 등에 대해 (환매권 행사를 이유로) 등기의 말소청구 가능 → 소유권이 가변적인 물건이므로 담보로 활용하지 않는 것이 안전하다.

[참고] 환지 예정지 담보취득

종류	개념 설명	실무상 유의사항
환지 예정지	◇ (도시개발사업 등 지역 내 토지로서) '환지계획'에 의해 일정 지역 안에서 정해진 환지의 위치와 면적을 (환지처분 이전에) 예정지로 미리 정하는 토지	◇ '환지[69]'의 개념과 속성을 이해해야 하며, 담보취득 시 구지번(환지 이전 토지)에 설정하되, 담보평가는 환지 예정지를 기준으로 수행하는 것이 일반적이다.

▶ (기타) 유치권 있는 부동산

유치권이란, 타인의 물건 등을 점유하고 있는 자가 그 물건에 관하여 생긴 채무의 변제를 받을 때까지 해당 물건을 유치할 수 있는 민법상 권리로서, 법률이 정하는 일정한 요건을 갖추면 당연히 성립하는 권리이다. 따라서 유치권이 성립된 부동산에 대한 담보취득은 안전성이 결여되고 담보권의 약화를 초래할 수 있으므로, 담보로 취급하지 않음이 안전하다. 다만, 경락자금대출 등의 취급에 있어, 감정가 및 낙

---

69) '환지(= a substitute lot)'는 (도시개발사업 등의 추진과 관련하여) 사업시행 이전의 토지 소유권 변화 없이, 사업시행 이후 새롭게 정리된 토지상에 기존의 권리를 그대로 이전시키는 '대상 토지 자체'또는 '해당 개발방식'을 의미한다.

찰가액 대비 유치권 신고액이 소액인 경우에는, 낙찰인의 신용도 및 유치권 해결능력 등을 고려하여 담보가용가에서 차감하여 선택적으로 인정하는 것은 검토해 볼 수 있으리라 본다.

유치권의 성격과 제한

◇ 유치권자는 채권의 변제 시까지 목적물의 점유를 통해 간접적으로 채무의 변제를 촉구하는 한편, 목적물을 환가(경매)할 수 있다(『민법』제322조제①항). 그럼에도 당사자 간의 사전 특약에 의해 유치권의 발생을 제한할 수도 있어, 은행이 건축자금을 지원하며 시공사로부터 유치권 포기 등의 계약을 통해 만일의 권리침해에 대비할 수 있는 것이다.

토지와 건물의 담보취득

■ 토지의 지목 분류와 의미

'지목'이란 토지의 주된 용도에 따라 종류를 구분하여 지적공부에 등록한 것을 말하며, 국가만이 제정하고 변경(분할·합병·지목변경)할 수 있다. 이러한 지목의 설정은 필지마다 하나를 정하되, 용도가 2가지 이상의 지목에 해당되는 경우에는 주된 사용목적에 따라 설정한다. 현재 지적법상 다음과 같이 28개의 지목이 존재하며, 각 지목별로 활용범주가 정해짐에 따라, 토지의 환가성 및 처분가치를 예측하는 용도로 활용된다.

[참고] 28개 지목과 담보 환가성

구분	지목 명칭	표기(지적도)	담보 환가성
대지	대(垈)	대	양호
농지(農地)[70]	전(田), 답(畓), 과수원	전, 답, 과	보통/낮음
유사 농지	목장용지	목	보통
	임야	임	보통
기타	잡종지	잡	보통
특수용지	광천지(鑛泉地), 염전	광, 염	보통
	양어장	양	보통/낮음
용도가 특정된 토지	공장용지	장	보통
	학교용지	학	특수
	주유소용지	주	보통
	주차장	차	보통
	창고용지	창	보통
	철도용지	철	특수
	수도용지	수	특수
	체육용지	체	특수
	종교용지	종	낮음
특수 지목	공원	공	특수
	유원지	원	특수
	도로	도	일반적 담보 대상 아님
	제방, 하천, 구거, 유지	제, 천, 구, 유	
	사적지, 묘지	사, 묘	

---

70) 농지 : 전·답, 과수원, 기타 법적 지목과 상관없이 실제 농작물을 경작하는 토지 또는 다년생식물(과수원, 인삼 등) 재배지로서의 토지와 그 개량시설의 부지를 의미.

▶ 용도지역(= 토지의 신분) : 환가성과 범용성 연계

용도지역이란, 토지별 용도를 미리 정해 둔 토지의 신분(身分)으로서, '국토의계획 및 이용에관한법률'에 근거를 두어 대한민국에 소재한 모든 토지에 적용된다. 크게 4개[71]로 구분되는 용도지역은, 세부적으로 분화되어 각 토지별 용도지역에 상응하는 건축물의 '용도'와 '높이', '건폐율/용적율'을 제한하게 되어, 용도지역의 구분 자체가 해당 토지의 환가성과 범용성을 결정하는 중요한 사항이라 할 수 있다. 특정 토지별 용도지역의 분류내역은 '토지이용계획확인서'를 통해 확인할 수 있다.

---

71) ① 도시지역 ② 관리지역 ③ 농림지역 ④ 자연환경보전지역으로 나누고, 이 중 도시지역은 다시 주거지역, 상업지역, 공업지역, 녹지지역으로 구분된다.

[정리] 용도지역의 구분(건폐율은 2021년 말 기준)

종류		기본 개념	비고	건폐율[72]
도시 지역	주거 지역	주거의 안녕과 건전한 생활환경 보호	◇ 전용주거(1/2/3종) ◇ 일반주거(1/2/3종) ◇ 준주거	50%~70%
	상업 지역	상업 및 기타 업무 편익 증진	◇ 중심/일반/근린/ 유통상업지역	70%~90%
	공업 지역	공업의 편익 증진	◇ 전용/일반/준공업 지역	70%
	녹지 지역 73)	보전 녹지	도시 자연환경, 경관, 산림 및 녹지공간 보전	20%
		생산 녹지	농업적 생산을 위해 개발 유보	20%
		자연 녹지	녹지공간 확보, 도시확산 방지, 장래 도시용지 공급 위한 보전	20%
관리지역	보전 관리	자연환경/산림보호, 수질오염 방지 및 생태계 보전		20%
	생산 관리	농/임/어업 생산을 위한 관리		20%
	계획 관리	도시지역 편입 예상지역 또는 자연환경 등 고려하여 제한적인 이용/개발 예정		40%
농림지역		농/임업 진행 및 산림 보전		20%
자연환경보전지역		자연환경, 수자원, 생태계, 문화재 보전 및 수산자원 보호, 육성		20%

---

72) '건폐율'은 대지면적에 대한 건축면적의 비율이고, 용적율은 건축물의 연면적(각
   층의 바닥면적을 모두 합산)을 대지면적으로 나눈 값이다.

73) 녹지지역 : 자연환경·농지 및 산림의 보호, 보건위생, 보안과 도시의 무질서한
   확산을 방지하기 위하여 녹지의 보전이 필요한 지역.

대출 취급과 관련하여 토지에 대한 담보권 취득을 검토하는 경우에는 본 용도지역 구분에 따른 환가성 제약을 염두에 두어야 한다. 예를 들어, 녹지지역 내 소재 토지(보전녹지, 생산녹지, 자연녹지)의 경우 용도지역의 지정 목적이 도시지역 내 녹지공간의 보전 또는 개발 유보인 것이므로 일반 주거지역, 상업지역, 공업지역 대비 개발상 제약사항이 크게 존재하여, 환가성의 제약이 존재한다고 추정할 수 있다. 또한 관리지역 중 보전관리지역 및 생산관리지역으로 지정된 토지와 농림지역 및 자연환경보전지역 내 토지 역시 동일한 논리로 환가성의 제약이 있다고 보아야 한다.

다만, 환가성 제약을 수반한 지목의 토지(예 : 농지) 중에서도 '계획관리지역' 등 상대적으로 개발의 가능성을 내포한 경우, 다른 유형의 관리지역 내 토지에 비해 높은 거래 가능성 보유로 환가성이 확보가 용이한 대상으로 접근하는 등 차별화된 분석과 접근이 필요하다.

▶ 용도지구[74]와 용도구역

용도지역이 토지의 신분으로서 국내 모든 토지에 대해 지정되어 있는 개념임에 반해, '용도지구'는 상위개념인 용도지역을 보완하는 용도로 (일부토지에 한해) 지정되며, '용도구역'은 용도지역 및 용도지구를 다시 한번 보완하는 개념이라고 이해하면 될 것이다.

---

74) '용도지구'는 '국토의계획 및 이용에관한법률'에 의거, 국토교통부장관, 시 · 도지사 또는 대도시 시장이 결정한다.

[참고] 용도지구, 용도구역

구분	개념	종류
용도지구 ☞ 용도지역을 보완	◇ 도시의 미관이나 경관, 안전 등을 위해 용도지역에서 제한되는 사항(예 : 용도, 건폐율, 용적율, 높이)을 더욱 강화하거나 완화함으로써 용도지역의 기능을 증진시키는 목적의 개념(지자체가 지정)	◇ 경관지구 ◇ 미관지구 ◇ 고도지구 ◇ 방화지구 ◇ 취락지구 등
용도구역	◇ 용도지역 및 용도지구의 제한(용도, 간폐율, 용적율 등)을 강화하거나 완화함으로써 시가지의 무질서한 확산을 방지하고, 계획적인 토지이용을 도모하는 목적의 개념	◇ 개발제한구역 ◇ 도시자연공원구역 ◇ 시가화조정구역 ◇ 수산자원보호구역등

■ 건축물의 분류와 담보취득

국내의 모든 건축물은 건축법 및 건축법시행령에 따라 다음과 같이 29개의 용도별로 분류된다. 이러한 건축물 종류와 그 분류근거를 이해하고, 부동산 공부를 확인하는 것이 실무적으로 유용할 수 있다. 왜냐하면, 건축물의 종류를 살펴보는 것만으로도 해당 건물의 환가성이나 범용성을 가늠할 수 있기 때문이다. 이러한 건축물의 분류는 건축물대장의 '주용도' 또는 부동산등기부 등본의 표제부를 통해 확인할 수 있다.

용도별 건축물의 종류(건축법시행령 별표 1)

구분	건축물 종류	예시	비고
1	단독주택	단독주택, 다중주택, 다가구주택	
2	공동주택	아파트, 연립주택, 다세대주택	
		기숙사	범용성 낮음
3	제1종 근린생활시설	의원, 체육도장, 사무소	

4	제2종 근린생활시설	공연장, 교회, 학원, 노래연습장	
5	문화 및 집회시설	집회장, 전시장, 동/식물원	
6	종교시설	종교집회장(2종 근생 제외)	범용성 낮음
7	판매시설	도매시장, 소매시장, 상점	
8	운수시설	터미널, 철도/공항, 항만시설	범용성 낮음
9	의료시설	병원, 격리병원	범용성 낮음
10	교육연구시설	학교, 학원, 연구소, 도서관	
11	노유자시설	어린이집, 노인복지시설	범용성 낮음
12	수련시설	수련원, 야영장시설	범용성 낮음
13	운동시설	탁구장, 당구장, 골프연습장	
14	업무시설	오피스텔, 사무소, 청사	
15	숙박시설	일반숙박시설, 생활숙박시설	
16	위락시설	유흥주점, 무도장	정책적 고려
17	공장[75]	(물품의 제조, 가공, 수리에 이용)	
18	창고시설	창고, 하역장, 집배송시설	
19	위험물저장 및 처리시설	주유소, 액화석유가스판매소	정책적 고려
20	자동차 관련 시설	주차장, 세차장, 정비공장	
21	동물 및 식물 관련 시설	축사, 작물재배사	특수유형
22	자원순환 관련 시설	고물상, 폐기물재활용시설	특수유형
23	교정 및 군사시설	교정시설, 국방/군사시설	특수유형
24	방송통신시설	방송국, 데이터센터	특수유형
25	발전시설	발전소	특수유형
26	묘지 관련 시설	봉안당, 동물화장시설	특수유형
27	관광휴게시설	휴게소, 공원, 유원지	특수유형
28	장례시설	장례식장, 동물전용장례식장	특수유형
29	야영장시설		특수유형

---

75) 공장 : 물품의 제조 · 가공(염색 · 도장 · 표백 · 재봉 · 건조 · 인쇄 등 포함) 또는 수리에 계속적으로 이용되는 건축물.

▶ 기타의 건축물 분류

최근 투자 대상 다양화 등의 영향으로 다양한 형태의 공동주택 및 복합용도의 건물이 다수 개발 및 분양되고 있다. 이 중, 과거의 분류 기준만으로 조금 생소할 수 있는 유형으로 '도시형생활주택'과 '생활형숙박시설' 등이 존재한다. 각각의 개념에 대해 알아보자.

건축물 종류	개념	세부분류
도시형생활주택 * 근거 : 주택법 2조	국민주택 규모[76]에 해당하는 300세대 미만의 주택으로, 도시지역에 건설하는 단지형 연립주택/다세대주택 및 원룸형 주택	단지형 연립주택
		단지형 다세대주택
		원룸형 주택
생활형숙박시설 * 근거 : 공중위생 관리법 시행령 4조	2000년대 초 급증하는 외국인 관광객 수용 등의 목적으로 등장하며 분화하였고, (개념적으로는) '취사시설을 포함한 숙박시설'을 의미	
지식산업센터 (기존 아파트형 공장) * 근거 :「산업집적활성화 및 공장설립에 관한 법률」외	제조업 외에도, 지식산업 및 정보통신산업 영위자와 '지원시설'이 (동일 건축물에) 복합적으로 입주할 수 있는 집합건축물 ☞ 기존 아파트형 공장을 넘어, 첨단업종 입주시설 및 지원시설을 포괄하는 개념으로 확장되었으며, 입주 가능 업종에 제약이 존재한다.	

■ 담보물 취득제한 물건

부동산 담보는, 그 명목가치(감정평가액)와 별개로, 공법 · 사법상 제약사항 및 환가성, 안정성을 종합적으로 고려하여 판단하여야 한다. 이는, 궁극적인 채권회수 가능성과 별개로, 일정 기간 대출의 고정화 또는 회수지연에 따른 은행대출의 건전성을 악화시키는 요인이 되기 때문이다. 이에 따라, 다수 금융기관은, 같은 물적 담보라 해도 특수한

---

76) 주거 용도로만 사용되는 면적이 1호당 85㎡ 이하인 주택.

용도지역상 특성 또는 특정 지목의 토지에 대하여 정규담보에서 배제하는 조치를 통해 담보여신의 건전성을 유지하려 노력하고 있다.

[정리] 환가성 제약 물건의 유형과 예외 운용 여지

구분	환가성 제약이 있는 유형	비고(예외)
용도 지역 제한	◇ 녹지지역 : 생산녹지 · 보전녹지 지역 ◇ 관리지역 : 생산관리 · 보전관리 지역	[제약사항 완화 검토 가능] 해당 토지 상에 ◇ 건축허가를 받은 경우 ◇ 등기된 건물이 소재하는 경우 등
용도 구역 제한	◇ 개발제한구역 ◇ 시가화조정구역 ◇ 문화재보호구역 ◇ 군사시설보호구역	
지목상 제한	◇ 도로, 구거, 제방, 묘지	☞ 담보가치 제약 물건
	◇ 농지(전, 답, 과수원)	[제약사항 완화 검토 가능] 해당 농지 상에 ◇ (지정된 용도지역이) 주거/상업/공업 지역 또는 계획관리지역인 경우 ◇ 건축허가를 받은 경우 ◇ 농지전용허가 받은 경우 ◇ 등기된 건물 소재 시 등
맹지	◇ (지적도상 및 현황상) 맹지	☞ 담보가치 제약물건
미등기 건물 소재	◇ 담보로 제공되지 않는, 독립성이 인정되는 건물이 소재한 물건	[제약사항 완화 검토 가능] ◇ 법정지상권 성립여지 없는 물건 ◇ (토지면적 대비) 미등기 해당 면적 이 극히 미미한 물건
기타 환가성 제약	◇ 종교시설, 노유자시설	☞ 환가성 제약
	◇ 분양형 호텔	☞ 환가성 제약
	◇ 휴/폐업 중인 공장	☞ 환가성 제약
	◇ 장기 미분양 상가	☞ 환가성 제약

[II-6] Compliance 심사

본래의 Compliance 심사는 차주(기업) 내부의 Compliance 준수문화 및 내부통제 정도의 리뷰를 의미하나, 실제의 심사에서는 신청 대출의 취급과 관련하여 각종 법규와 행정규칙(감독규정 등) 및 내규의 부합 여부를 점검하는 것도 중요한 의미를 갖게 된다.

실제, 금융기관의 여신실무와 관련하여 많은 부분이 현행 법규상 통제 범주에 있다. 이에 더하여, 금융기관의 내규에는 (법에서 정하는 규제 사항 외에도) 다양한 정책적 규제가 포함되어 있다. 일부는 금융 당국의 공식 문서(금융감독원 등에서 행정지도의 형태로 발송된 문서)에 근거를 두기도 하며, 일부 정책은 은행연합회 등 각 업권별 연합회의 특별 작업반에 의해 마련된 가이드라인을 공동으로 시행하는 형태로 운용되고 있다.

[정리] 금융 규제의 기본 체계(1금융권 기준)

구분	원천	예시
금융기관 통할 법규	◇ 은행법 및 시행령 ◇ 금융소비자보호법 및 시행령	➡ 임직원대출 범위 제한 ➡ 불공정영업행위 규제(연대보증, 담보제공)
감독규정 (행정규칙)	◇ 은행업감독규정/시행세칙 ◇ 금융소비자보호에관한감독규정/시행세칙	➡ 자금용도 제한 ➡ 구속행위 세부 기준
은행 내규화된 규제	◇ 감독원 행정지도(공식 문서 포함) 및 은행연합회 결의 내용을 은행 내규에 반영한 것	➡ 담보권운용 기준 ➡ 운전자금 사후점검 기준 ➡ 예담대 취급 기준 ➡ 상품설명서 운용 기준

일반 법규	◇ 금융지주회사법 ◇ 자본시장법 ◇ 민법 ◇ 상법 ◇ 대부업법 ◇ 금산법 ◇ 주택법 등	➡ 대주주 신용공여 제한 ➡ 상장법인의 보증 제한 ➡ 미성년자 행위 제한 ➡ 이사회 결의 요건 ➡ 최고 이자율 제한 ➡ 지분 취득 제한 ➡ 주택의 범주 등

■ 은행법, 금융소비자보호법 및 감독규정의 체계 [행정규칙]

1금융권인 은행의 경우 관할하는 대표 법규와 행정규칙은 크게 「은행법」 및 「금융소비자보호법」과 「은행업감독규정/시행세칙」 및 「금융소비자보호에 관한 감독규정/시행세칙」으로 구성된다.

[정리] 은행권 적용 행정규칙의 종류

구분	은행법/은행업감독규정	금융소비자보호법[77]/감독규정
취지	◇ 은행의 인허가 및 신용공여 일반, 임직원대출 취급기준, 불건전영업행위를 포괄적으로 규정	◇ 금융소비자보호항목 및 기존 은행법규 등의 각론 등을 별도로 분리하여 신설(2021년)
주요 내용	◇ 인허가 및 대주주 관리 ◇ 불건전영업행위 ◇ 임직원대출 취급기준	◇ (대출성 상품) 6대 판매원칙 ◇ 보증 및 담보 취급기준 ◇ 기타 금융소비자보호에 관한 사항 (구속성 기준, 설명의무 외)

---

77) 현행의 금소법에서는 영업행위 규제 대상을 대부분의 금융기관 및 대부분의 금융상품으로 확대하는 한편, 동일 기능의 금융상품에 대해서는 (업권에 상관없이) 동일한 규제를 적용하는 방식으로 금융소비자에 대한 보호 대상 범위를 크게 확대하였다.

참고로, 상호저축은행[78])의 경우 「상호저축은행법」과 동 시행령을 근거로 하며, 하부 기준을 「상호저축은행업감독규정」 및 시행세칙으로 운용된다. 또한 여신전문금융업의 경우 「여신전문금융법」 및 시행령과 「여신전문금융업감독규정」 및 시행세칙 등 설립근거에 따른 법규와 하부 행정규칙도 명칭을 달리하여 운용된다.

[Part 1] 은행법 개요 및 주요 내용

1금융권인 은행 실무에 적용되는 기본 법규로서 '은행법'은, 오랫동안 은행업무를 관할하는 핵심법규로 운용되었으나, 연대보증 및 담보 관련 불공정영업행위 기준 등이 금소법으로 이관된 이후, 동일인 신용공여 정책, 금리인하 요구권 및 임직원대출 규제 등 일부 핵심내용을 제외하고는 영업점의 실무와 직접 연결된 사항은 과거에 비해 줄어든 것으로 보인다. 은행법 및 동 시행령에서 세세하기 정하기 어려운 지침은 금융위원회 고시 내용을 담은 「은행업감독규정」 및 「시행세칙」에서 구체적으로 논하는 체계로 구성된다.

---

78) '상호저축은행법' 제정에 따라 2002년 3월부터 기존 상호신용금고들의 명칭이 상호저축은행으로 변경되었다. 상호저축은행은 통상 '저축은행'으로 통칭되고 있다.

[정리] 은행법의 구성(대출과 연관된 항목만 발췌)

구분	근거 조항	내용 요약
금리등에 대한 준수사항	제30조 (예금지급 준비금과 금리 등에 관한 준수사항)	◇ 은행은 금융통화위원회가 하는 결정 및 제한 등의 준수의무를 부담 • 대출 등 이자 및 요율의 최고율 결정 • 대출의 최장기한 및 담보의 종류에 대한 제한 등
금리인하 요구권	제30조의2 (금리인하 요구)	◇ 재산증가나 신용등급 또는 개인신용평점 상승에 따른 금리인하 요구권 명시
건전경영의 지도	제34조 (건전경영의 지도)	◇ 은행은 건전성 유지를 위해 자산건전성에 관한 사항 등 금융위원회가 정하는 경영지도기준을 따라야 할 의무부담
불건전영업 행위 금지	제34조의2 (불건전영업행위의 금지)	◇ 무자원입금행위 등 불건전영업행위 금지 (세부 유형 및 기준은 대통령령)
동일차주 신용공여	제35조 (동일차주 등에 대한 신용공여한도)	◇ 동일한 개인/법인 및 신용위험을 공유하는 자에 대한 신용공여 한도를 은행 자기자본의 25% 내로 제한
은행 대주주앞 신용공여	제35조의2 (은행의 대주주에 대한 신용공여한도 등)	◇ 은행의 대주주(특수관계인 포함)에 대한 신용공여 합계액(25%) 및 의결기준, 보고/공시의무를 명시
금지업무	제38조 (금지업무)	◇ 은행의 금지업무를 명시 (예 : 은행의 주식담보대출, 은행주식 매입자금대출, 임직원대출)
약관 보고의무	제52조 (약관의 변경 등)	◇ 금융거래 관련 약관의 제정 또는 변경 시 금융위원회에 보고 의무
제재 기준	제53조 (은행에 대한 제재)	◇ 은행법의 위반 시 제재근거를 명시
	제54조 (임직원에 대한 제재)	◇ 임원 또는 직원에 대한 제재 근거를 명시

은행법 핵심조항 분석

은행법의 조항 중 은행 영업점 실무에 직접적으로 연관되는 항목은 제한적이다. 다만, 은행법에서 정하는 사항에 대한 위반에 대해서는 법규에 대한 위반으로서, 단순한 내규 위반이 아니라 법에서 정하는 벌칙 및 과태료의 부과 대상이 된다는 것을 명심해야 한다.

■ 은행법 및 시행령 주요 사항 1 – 금리인하 요구권

근거법규(은행법 제30조의2 및 시행령 18조의4)		설명
◇ 은행법 제30조의2(금리인하 요구) [①항] 은행과 신용공여 계약을 체결한 자는 재산 증가나 신용등급 또는 개인신용평점 상승 등 신용상태 개선이 나타났다고 인정되는 경우 은행에 금리인하를 요구할 수 있다.		▣ 금리인하 요구 근거 명시 - 차주 유형별 금리인하요구 근거 명시
시행령 18조의4	◇ 은행에 금리인하를 요구할 수 있는 사유 1. 개인 : 취업, 승진, 재산 증가 또는 개인신용평점 상승 등 신용상태의 개선이 나타났다고 인정되는 경우 2. 개인이 아닌 자(개인사업자 포함) : 재무상태 개선, 신용등급 또는 개인신용평점 상승 등 신용상태의 개선이 나타났다고 인정되는 경우	
[②항] 은행은 신용공여 계약을 체결하려는 자에게 금리인하를 요구할 수 있음을 알려야 한다.		▣ 금리인하 요구권리 사전고지 의무
[③항] 그 밖에 금리인하 요구의 요건 및 절차에 관한 구체적 사항은 대통령령으로 정한다.		

◇ [시행령 18조의4②항] 금리인하 요구를 받은 은행은 수용 여부를 판단할 때 신용상태의 개선이 금리 산정에 영향을 미치는지 여부 등 금융위원회가 정하여 고시하는 사항을 고려할 수 있다.	➡ 수용 여부 판단 기준을 하부위양
◇ [시행령 18조의4③항] 은행은 금리인하 요구를 받은 날부터 10영업일 이내에 해당 요구의 수용 여부 및 그 사유를 금리인하 요구자에게 (전화, 서면, 문자메시지, 전자우편, 팩스 또는 그 밖에 이와 유사한 방법으로) 알려야 한다.	➡ 10영업일 이내 회신/고지 의무
◇ [시행령 18조의4④항] 본 항에서 규정한 사항 외에 금리인하 요구의 요건 및 절차 등에 관하여 필요한 사항은 금융위원회가 정하여 고시한다.	➡ 기타 세부기준 하부위양

은행업감독규정 제25조의4(금리인하 요구 등)

① 금리인하 요구를 받은 은행은 해당 요구가 다음 각 호의 어느 하나에 해당하는지를 고려하여 수용 여부를 판단할 수 있다. 〈시행령 18조의4②항 관련 고시사항〉

> 1. 신용공여 계약을 체결할 때, 계약을 체결한 자의 신용상태가 금리 산정에 영향을 미치지 않는 경우
> 2. 신용상태의 개선이 경미하여 금리 재산정에 영향을 미치지 않는 경우

② 은행은 신용공여 계약을 체결한 자가 금리인하를 요구하는 때에는 신용상태 개선을 확인하는 데 필요한 자료 제출을 요구할 수 있다.
③ 은행은 금리인하 요구 인정요건 및 절차 등을 인터넷 홈페이지 등을 이용하여 안내하여야 한다.
④ 은행은 금리인하를 요구받은 경우 접수, 심사결과 등 관련 기록을 보관·관리하여야 한다.

금리인하 요구권은, 소비자보호의 관점에서 매우 중요하게 인식되는 영역이다. 반면, 금융기관 실무자의 입장에서는 다소 번거로운 절차로 인식하는 경우가 많다. 이는, 정당한 금리인하 사유를 반영해야 하는 논리적 당위성과, 금리반영 절차의 번거로움 및 (역으로) 신용도

하락 시 금리를 상승시키기 어려운 실무적 한계와 같은 복잡한 이슈가 개입되기 때문이다. 그럼에도, 본 건 규제가 은행법상 규제로서 고객 앞 설명의무와 금리인하 청구 시 절차에 대한 상세한 지침을 감안하여, 고도의 주의가 요구되는 항목이라 할 것이다.

■ 은행법 및 시행령 주요 사항 2 – 불건전영업행위의 금지

은행법 관련 문구[은행법 제34조의2(불건전영업행위의 금지)]		설명
◇ **은행법 제34조의2(불건전영업행위의 금지)** **[①항 2호]** 예금, 대출 등 은행이 취급하는 상품을 비정상적으로 취급하여 은행이용자의 조세포탈·회계분식·부당내부거래 등 부당한 거래를 지원하는 행위		▶ 대출을 통해 마련된 예금을 담보로 하는 예담대출 등을 금지
시행령 제20조의2	[2호] 은행이용자의 조세포탈·회계분식·부당내부거래 등 부당한 거래를 지원하기 위하여 은행이용자가 대출을 받아 그 재원을 예금하고 예금담보대출을 받게 하는 행위 (이하 생략)	

금융기관에서의 차입을 통해 유입된 자금으로 예금을 가입하고, 해당 예금을 담보로 (제3자 예금담보대출 등을) 취급하는 행위를 구체적으로 제한하고 있다. 본 기준은 앞서 살펴본 예금담보대출에 대한 행정지도로서의 규제(2영업일 이내 예금담보대출 금지, 일정금액 초과 시 자금용도 확인 의무 등)와 연동된 개념으로 이해된다.

■ 은행법 및 시행령 주요 사항 3 – 금지업무

은행법 관련 문구(은행법 제38조 및 감독규정 56조 외)	설명
◇ **은행법 제38조(금지업무)** **[6호]** 해당 은행의 임직원에 대한 대출(금융위원회가 정하는 소액대출은 제외)을 금지 **은행업감독규정 제56조(은행 임직원에 대한 대출)** ① 금융위원회가 정하는 소액대출의 범주 　1. 일반자금대출 : 20백만 원(급부 포함) 이내 　2. 주택자금대출(일반자금대출 포함) : 50백만 원 이내 　3. 사고정리대출(일반자금/주택자금대출 포함) : 60백만 원 이내 ② 제①항에서 정하는 대출금의 산정 기타 필요한 사항	▶ 은행 임직원에 대한 대출 취급 가능 범주를 명확화
은행업감독규정 시행세칙 제43조(은행 임직원에 대한 대출금 산정기준) ① 규정 제56조제①항의 규정에서 정하는 대출금을 산정 시 제외하는 항목 1. 정부로부터 자금을 지원받아 취급하는 대출금 2. 일반고객과 동일한 조건으로 취급하는 다음의 대출금 　가. 주택저축 및 재형저축 관련 대출금 　나. 장기주택마련저축 관련 대출금 　다. 가계당좌 대출금 　라. 예금, 신탁수익권 담보대출(**예금/납입액 범위 내**) 　마. 임직원 소유 주택 및 오피스텔에 의해 담보된 대출금 　바. 공동주택 이주비대출 또는 중도금대출 3. 합병 시 기존 은행으로부터 받은 대출금 4. 은행 재임/재직 이전 해당 은행으로부터 받은 대출금	▶ 일반고객과의 형평을 고려한, 예외 기준(일반인과 동일한 기준으로 취급 가능한 대출)을 구체화

■ 은행법 및 시행령 주요 사항 4 – 주택관련담보대출 리스크관리

은행법 관련 문구[은행법 제34조(건전경영의 지도)]	설명
◇ **은행법 제34조(건전경영의 지도)** [②항] 은행은 경영의 건전성을 유지하기 위하여 다음 각 호의 사항에 관하여 대통령령으로 정하는 바에 따라 금융위원회가 정하는 경영지도기준을 지켜야 한다. 4. 그 밖에 경영의 건전성 확보를 위하여 필요한 사항 **은행업감독규정 제29조의2(주택관련담보대출에 대한 리스크관리)** ① 은행은 주택관련담보대출 취급 시 법 제34조에 따라 경영의 건전성이 유지되도록 〈별표 6〉에서 정하는 담보인정비율, 총부채상환비율, 기타 주택담보대출 등의 취급 및 만기연장에 대한 제한 등을 준수하여야 한다. ② 감독원장은 은행의 경영건전성 등을 감안하여 긴급하다고 인정하는 경우 〈별표 6〉에서 정한 담보인정비율 및 총부채상환비율을 10%p 범위 이내에서 가감조정할 수 있다. 이 경우 감독원장은 그 내용을 지체 없이 금융위에 보고하여야 한다.	▪ 주택담보대출에 대한 LTV, DTI 등 핵심 규제 사항을 시행 근거와 시행주체를 명시 ☞ 주택관련담보대출에 대한 리스크관리기준은, 상호저축은행법 및 여전업법에서도 유사하게 규제되고 있다.

■ 은행업감독규정 및 그 외 행정지도

금융 당국은 은행법 및 동 시행령에서 "금융위원회가 정한 사항"의 형태로 하부위양한 기준을 은행업감독규정 및 시행세칙으로 반영한다. 한편, 법에서 위임한 사항 외에도 동 감독규정 내에서는 대출과 관련한 정책적 사항을 일부 반영하고 있다.

은행업감독규정 및 은행업감독업무시행세칙
금융감독원 및 금융위원회가 은행업무를 감독하는 기준이 되는 행정법규로서, 인허가 기준, 건전성 분류기준 등을 상세하게 기재하는 한편, 앞서 은행법 및 동 시행령에서 하부 기준으로 정하는 금융위원회 고시사항을 규정과 세칙으로 반영해 두고 있다. 일반 영업점 실무자가 직접 찾아보기는 어려운 측면이 있으나, 은행의 기획부서, 건전성 관리부서 등 주요 본부부서에서는 필히 참조하고 지켜야 하는, 가장 중요한 외규(外規)라 할 수 있다.

[참고] 기타 은행업감독규정상 주요 규제

은행법감독규정 제78조(여신운용원칙)	설명
◇ ①항 : 은행은 여신을 운용함에 있어서 다음 각 호와 같이 여신의 건전성을 확보할 수 있도록 노력하여야 한다. 1. 차주의 리스크 특성, 재무상태, 미래 채무상환능력 등에 대한 분석을 통한 철저한 신용리스크의 평가 2. 차주의 차입목적, 소요자금 규모, 자금소요 기간 등에 대한 종합적인 심사 및 분석을 통한 적정한 여신의 공급 3. 여신 실행 이후 여신자금의 철저한 관리를 통한 용도 외 유용 방지 4. 차주의 신용상태 및 채무상환능력 변화에 대한 상시 모니터링 및 그 결과에 따른 적절한 조치 5. 산업별, 고객그룹별 등으로 여신운용의 다양화를 통한 여신 편중 현상의 방지	▣ 철저한 신용리스크평가 의무 ▣ 자금용도 및 규기간 심사 의무 ▣ 자금용도 사후 점검 의무 ▣ 상시터링 및 조치의무 ▣ 여신편중 방지 의무
◇ ⑥항 : 은행은 중소기업에 대한 여신 운용 시 (제①항제1호에 따른) 신용리스크의 평가에 있어 「신용정보의 이용 및 보호에 관한 법률」에 따른 기술신용정보를 합리적으로 반영하여야 한다.	▣ 신용리스크평가 시 TCB 활용 의무 명시
◇ ⑨항 : 은행은 여신을 운용함에 있어서 지역 간 불합리한 차별이 발생하지 않도록 노력하여야 한다.	▣ 지역 간 차별 금지 명문화

한편, 규정 및 세칙으로 명시한 은행업감독규정 및 시행세칙 이외에도 수시로 일정 테마의 행정지도를 시행하기도 하는데, 이는 각 금융기관 앞 정식 공문을 통해 '취급 유의사항' 등을 전달하는 방식과, 은행연합회 결의를 통해 형식상 자율결의로 마련된 행정지도를 공동 시행하는 것이 그것이다. 대표적으로 다음의 행정지도와 같은 사항들이다.

[정리] 금융 당국 주요 행정지도의 예

항목	주요 내용
◇ 예금 가입 2영업일 이내 예금담보대출 취급 금지	◇ 예담대 취급 기준(가입일 포함 2영업일 이내 담보대출 금지) 가이드라인(일정금액 이상 예담대 취급 시 자금용도, 금리적용 기준 등)
◇ 운전자금 사후관리 기준	◇ 기업여신 자금용도 사후관리 기준(사후점검 대상 및 점검 방식)
◇ 여신 불합리한 여신 관행 시정 요구	◇ 선취이자 징구, 백지어음(약속어음) 등 금융관행, 부당 수수료 징수 관행 폐지
◇ 담보권 운용기준	◇ 특정근/한정근 담보 등 운용기준, 대출과목 분류표 제정 및 운용 기준 외

[Part 2] 금융소비자보호법 개요 및 주요 내용

2021년 3월 금융소비자보호법의 전격 시행[79]으로 기존 은행법, 상호저축은행법 등 각 권역별 핵심 법규를 중심으로 하는 법적 규제가, 금융소비자보호법으로 확장되는 트렌드는 각 금융기관에게 매우 중요한 변화라 할 수 있다.

금융소비자보호법(이하 '금소법')은 69개의 조항과 부칙으로 이루어져 있으며, 금융소비자라는 포괄적 보호주체를 대상으로 하는 금융기관의 의무를 매우 폭넓게 규정하고 있다. 다만, 소비자보호의 개념이 진화하고 있고, 일부 원론적 법조문과 이의 적용과정에서의 혼란과 분쟁 사례를 감안하여 점차 구체화되는 한편 일정 수준의 변화를 거

---

79) 2021. 3. 25. 시행되었고, 6개월간의 계도 기간을 둔 후, 2021. 9. 25.부터 본격 적용되고 있다.

쳐야 할 것으로 예상한다.

[정리] 금소법 주요 조항 및 핵심내용 요약

구분	근거 조항	내용 요약
용어 및 개념 정의	제2조 (정의)	◇ '금융상품', '금융상품판매업자',[80] '금융소비자'[81]에 대한 개념 정의
금융상품의 유형	제3조 (금융상품의 유형)	◇ 금융상품의 유형을 4개로 분리, 명시(예금성 상품, 대출성 상품, 투자성 상품, 보장성 상품)
권리와 책무	제7조 (금융소비자의 기본 권리)	◇ 금융소비자의 기본적 권리를 6개로 유형화(명시)
	제10조 (금융상품판매업자등의 책무)	◇ 금융기관 등 금융상품판매업자의 책무를 명시
영업행위 일반원칙	제13조 (영업행위 준수사항 해석의 기준)	◇ 영업행위 준수사항에 관한 규정을 해석·적용 시 금융소비자의 권익을 우선적으로 고려
	제14조 (신의성실의무 등)	◇ 계약체결, 권리 행사 및 의무 이행시 신의성실의 원칙 준수 & 업무의 내용과 절차는 공정해야 함
	제15조 (차별금지)	◇ 계약체결 시 정당한 사유 없이 성별·학력·장애·사회적 신분 등에 따른 차별 금지
영업행위 준수사항	제17조 (적합성원칙)	◇ 대출성 상품 **계약체결 권유** 시 금융소비자의 유형(전문, 일반)을 구분해야 하며 ❶ 정보 파악의 방법(면담·질문 등), ❷ 확인 및 유지·관리방법 ❸ 확인받은 내용의 제공의무 명시

---

80) "금융상품판매업자"란 법률에 따른 인허가 또는 등록을 한 자 및 금융상품판매업 등록을 한 자를 의미하며, 예금상품과 대출상품을 판매하는 은행, 저축은행 등을 망라한 개념이다.

81) "금융소비자"란 금융상품판매업자의 거래 상대방으로서, '전문금융소비자' 또는 '일반금융소비자'로 구분된다.

제18조 (적정성원칙)		◇ 일반금융소비자에게 **계약체결을 권유하지 않고** 금융상품(대출성 상품) 판매 계약을 체결하려는 경우, 미리 면담·질문 등을 통해 주요 정보를 파악해야 함
제19조 (설명의무)		◇ 금융상품판매업자는 대출성 상품의 계약체결 권유 시 또는 소비자가 설명을 원하는 경우 설명의무를 부담 1) 금리 및 변동 여부, 중도상환수수료 부과 여부·기간 및 수수료율 등 2) 상환금액·이자율·시기 3) 저당권 등 담보권 설정에 관한 사항, 담보권 실행사유 등 권리변동에 관한 사항 4) 대출원리금, 수수료 등 대출계약체결 시 부담하여야 하는 금액의 총액 5) 그 외 대출계약의 해지에 관한 사항 등 대출성 상품에 관한 중요한 사항 등
제20조 (불공정영업 행위의 금지)		◇ 대출 관련 5대 불공정행위(❶ 금융소비자 의사에 반하는 금융상품의 가입 강요행위, ❷ 부당한 담보나 보증 요구행위, ❸ 특정대출 상환방식의 강요 행위, ❹ 중도상환수수료의 부당 부과 행위, ❺ 개인대출 등에 대한 제3자 연대보증 행위 등) 금지
제21조 (부당권유행위 금지)		◇ [계약체결 권유 시 금지행위] ❶ 불확실한 사항에 대해 단정적 판단을 제공하거나 확실하다고 오인하게 할 소지가 있는 내용을 알리는 행위, ❷ 금융상품의 내용을 사실과 다르게 알리는 행위, ❸ 금융상품의 가치에 중대한 영향을 미치는 사항을 미리 알고 있으면서 금융소비자에게 알리지 않는 행위, ❹ 금융상품 내용의 일부에 대해 비교 대상 및 기준을 밝히지 않거나, 객관적인 근거 없이 다른 금융상품과 비교하여 해당 금융상품이 우수하거나 유리하다고 알리는 행위
제23조 (계약서류의 제공의무)		◇ 금융상품 또는 금융상품자문에 관한 계약을 체결하는 경우 금융상품의 유형별로 대통령령으로 정하는 계약서류를 금융소비자에게 지체 없이 제공

손해배상 책임 등	제44조 (손해배상책임)	◇ 금융상품판매업자등이 고의 또는 과실로 이 법을 위반하여 금융소비자에게 손해를 발생시킨 경우 손해 배상책임을 부담
	제46조 (청약의 철회)	◇ 대출성 상품 계약의 청약을 한 일반금융소비자는 '계약서류를 제공 받은 날 또는 계약체결일로부터 14일 내에' 청약 철회 가능
벌칙	제69조 (과태료)	◇ 위반 유형별로 1억 원 이하의 과태료 또는 3천만 원 이하의 과태료 대상으로 명시

[참고] 금소법상 6대 판매원칙

많은 자료에서는 적합성 원칙, 적정성 원칙, 설명의무, 불공정영업행위 금지, 부당권유행위 금지 및 광고 규제를 '6대 판매원칙'으로 묶어서 설명하고 있다. 이 중, 대출상품 취급 실무와 관련해서는 '적정성 원칙', '설명의무'와 '불공정영업행위 금지'가 가장 핵심적인 사항이라 판단된다.

금소법 핵심조항 분석

■ 적합성[82]의 원칙/적정성의 원칙(금소법 17조 & 18조)

과거 자본시장법에서 투자상품 등의 투자권유 및 계약절차에서 투자자의 보호를 위해 적용하던 개념으로서, '적합성 원칙(Suitability)'과 '적정성 원칙(Appropriateness)' 및 이를 보완하는 '설명의무'를 두고 있었다. 금소법이 제정되면서, 이러한 상품판매과정에서의 주요 원칙을 대출성 상품에도 도입하게 된 것이다.

---

82) "적합성의 원칙'은 금융소비자(대출 채무자)에게 대출상품 **권유** 시 '재산, 신용 및 변제계획' 등의 정보를 파악하여 금융소비자에게 적합하지 않은 상품권유를 제한하는 것이고, "적정성의 원칙"이란, **금융기관의 투자권유가 없는 경우 적용되는 원칙**이다.

[정리] '적합성 원칙'과 주요 내용

항목	법규 내용 요약 (금소법 17조, 금소법 18조) (시행령 11조, 시행령 12조)	설명
적합성원칙	**◇ 금소법 제17조(적합성원칙) & 시행령 제11조** [②항] 금융상품판매업자등은 일반금융소비자에게 다음 각 호의 금융상품 **계약체결을 권유하는 경우**에는 면담·질문 등을 통하여 다음 각 호의 구분에 따른 정보를 파악하고, 일반금융소비자로부터 서명, 기명날인, 녹취 또는 그 밖에 대통령령으로 정하는 방법으로 확인을 받아 이를 유지·관리하여야 하며, 확인받은 내용을 일반금융소비자에게 지체 없이 제공하여야 한다.	⇨ 대출성 상품의 계약체결 권유 시 적합성 원칙 준수를 명시
	[⑥항] 제②항부터 제⑤항까지의 규정에 따른 일반금융소비자 정보의 내용·범위와 적합성 판단 기준 등에 관하여 필요한 세부 사항은 금융위원회가 정하여 고시한다.	

[대출성 상품 관련 조항]

항목	내용(요약)	근거
대출계약체결 권유 시 정보 파악 방법 및 파악해야 하는 정보 [법 17조②항]	[대출성 상품] · 일반금융소비자의 재산상황 · 신용 및 변제계획 · 일반금융소비자의 연령 · 계약체결의 목적	법 17조②항 3호 및 시행령
적합성 판단 기준 [법 17조③항]	· 금융위원회 고시에 따른 (일반금융소비자의) 정보 파악결과, **상환 능력이 적정한 수준**일 것	시행령 11조 ③항2호
그밖에 권유 시 필요한 정보 [법 17조②항4호]	· 일반금융소비자의 연령 · 계약체결의 목적(대출만 해당)	시행령 11조 ②항3호

금소법감독규정 제10조(적합성 원칙)
① 기타 금융상품판매업자등의 준수의무
　가. 일반금융소비자의 상환능력 평가 시 고려사항

1) 거래 목적 2) 원리금 변제계획 3) (금융소비자의) 신용
4) 재산상황(소득, 부채 및 자산) 및 고정지출 5) 연령

　나. 5개 고려사항에 대한 평가결과를 평가근거와 함께 문서에 기록
② (예외) 다음의 금융상품은 금융기관의 자체 기준에 따라 평가 가능
　1. 신용카드 2. 중도금대출 3. 이주비대출

<table>
<tr><td rowspan="2">적
정
성
원
칙</td><td colspan="3">◇ 금소법 제18조(적정성원칙) & 시행령 제12조
[①항] 금융상품판매업자는 대출성 상품에 대하여 일반금융소비자에게 계약체결을 권유하지 아니하고 금융상품 판매 계약을 체결하려는 경우에는 미리 면담·질문 등을 통하여 다음 각 호의 구분에 따른 정보를 파악하여야 한다.

[대출성 상품 판매 시 필요한 정보]
가. 일반금융소비자의 재산상황   나. '신용' 및 변제계획
다. 일반금융소비자의 연령   라. 계약체결의 목적

[②항] 금융상품판매업자는 제①항 각 호의 구분에 따라 확인한 사항을 고려하여 해당 금융상품이 그 일반금융소비자에게 적정하지 아니하다고 판단되는 경우에는 대통령령으로 정하는 바에 따라 그 사실을 알리고, 그 일반금융소비자로부터 서명, 기명날인, 녹취, 그 밖에 대통령령으로 정하는 방법으로 확인을 받아야 한다.</td></tr>
</table>

➡️ 대출상품에 대한 계약체결 권유 없이 판매계약 체결 시 적정성 원칙 준수를 명시

[대출성 상품 관련 조항]

항목	내용(요약)	근거
일반금융소비의 정보를 파악해야 하는 금융상품 범위	· 주택담보대출 · 증권, 지적재산권 등 담보대출 · 기타 별도 고시하는 대출	[법 18조①항3호]/시행령 12조①항3호
그밖에 권유 시 필요한 정보	· 일반금융소비자의 연령 · 계약체결의 목적(대출만 해당)	[법 18조①항4호]/시행령 11조②항3호
일반금융소비자에게 권유 없이 판매계약 체결 시 파악해야 하는 세부정보	적합성 원칙 기준 준용	[법 18조③항]
적정성 판단 기준	적합성 원칙 기준 준용	[법 18조②항]

'투자성 상품'과 달리, '대출성 상품'과 관련해서는 본 개념이 다소 생소하게 다가올 것이다. 아직은 도입 단계에 머무르지만, 금융 당국의 중장기 로드맵에서는 가계대출 등의 규제 내용에 본 적합성/적정성 검토에 대한 실질적인 내용을 담겠다는 의도를 공개적으로 표명하고 있다. 이러한 원칙의 적용과 관련하여 각 금융권역별 연합회를 통해 마련되어 공동으로 적용되는 상품설명서 및 적합성/적정성 관련 서류를 정확하게 징구하는 절차와 함께, 핵심사항에 대한 설명의무 이행 기준을 철저히 따르는 것이 실무적으로 요구된다. 특히, 개인대출의 경우에는 DSR 등 기본 규제에 더하여 대출상품 신청인의 직업(Job), 연령(Age), 소득(Income)이나 재산(Asset) 등에 비추어, 적합한 용도의 적정한 금액의 대출 취급이 이루어질 수 있도록 유의할 필요가 있다.

■ 설명의 의무(금소법 19조)

대출상품과 관련한 위험성 등을 충분히 알려, 금융소비자를 보호하기 위한 제도이다. 기존 금융기관의 '(대출)상품설명서' 교부와 관련하여 그 설명의 대상이 확대되는 동시에 수행의무가 강화되고 있는 흐름을 반영한다.

항목	법규 내용 요약 [금소법 19조①항], [시행령 13조], [감독규정 12조]	설명
설명의무	◇ **금소법 제19조(설명의무)** [①항] 금융상품판매업자등은 일반금융소비자에게 대출성 상품 계약체결을 권유하거나 일반금융소비자가 설명을 요청하는 경우 다음 각 호의 금융상품에 관한 중요한 사항(일반금융소비자가 특정 사항에 대한 설명만을 원하는 경우 해당 사항으로 한정)을 일반금융소비자가 이해할 수 있도록 설명해야 한다.	➡️ 일반금융소비자 앞 중요 사항 설명의무를 명시

〈라목(대출성 상품)〉 설명의무 대상인 중요한 사항
1) 금리 및 변동 여부, 중도상환수수료 부과 여부·기간 및 수수료율 등 대출성 상품의 내용
2) 상환 방법에 따른 상환금액·이자율·시기
3) 저당권등 담보권 설정에 관한 사항, 담보권 실행 사유 및 담보권 실행에 따른 담보목적물의 소유권 상실 등 권리변동에 관한 사항
4) 대출원리금, 수수료 등 금융소비자가 대출계약을 체결하는 경우 부담하여야 하는 금액의 총액
5) 대출성 상품에 관한 중요한 사항으로서 대통령령으로 정하는 사항

> 시행령 13조⑥ 5)에서 "대통령령"으로 정하는 사항
>
> 1. 계약의 해지·해제   2. 신용에 미치는 영향
> 3. 연체 이자율 및 그 밖의 불이익   4. 계약 기간 및 그 연장에 관한 사항
> 5. 이자율의 산출기준(금융위 고시 사항)

[②항] 금융상품판매업자등은 제①항에 따른 설명에 필요한 설명서를 일반금융소비자에게 제공하여야 하며, 설명한 내용을 일반금융소비자가 이해하였음을 서명, 기명날인, 녹취 또는 그 밖에 대통령령으로 정하는 방법으로 확인을 받아야 한다. 다만, 금융소비자보호 및 건전한 거래질서를 해칠 우려가 없는 경우로서 대통령령으로 정하는 경우에는 설명서를 제공하지 아니할 수 있다.
[③항] 금융상품판매업자등은 제①항에 따른 설명을 할 때 일반금융소비자의 합리적인 판단 또는 금융상품의 가치에 중대한 영향을 미칠 수 있는 사항으로서 대통령령으로 정하는 사항을 거짓으로 또는 왜곡(불확실한 사항에 대하여 단정적 판단을 제공하거나 확실하다고 오인하게 할 소지가 있는 내용을 알리는 행위를 말한다)하여 설명하거나 대통령령으로 정하는 중요한 사항을 빠뜨려서는 아니된다.

다소 원론적인 내용이지만, 설명의무의 범위와 통제강도가 확대되고 강화되는 것에 방점이 있다. 즉, 과거와 같이 대출약정 단계에서의 틀에 박힌 설명절차와 별도로, 금융소비자로서 대출 고객이 대출에 대한 세부적 사항에 대한 충분한 설명을 보장함으로써, 만일의 상황에 고객의 재산이나 권익을 침해할 소지를 최소화하는 방향으로 진보하고 있다는 것이다. 실무적으로는, 앞서 설명한 '적합성/적정성 원칙'과 연계하여 제도화된 양식을 활용한 기본 설명과 서면 설명서를 기반으로 확대된 설명의무의 실질적 수행이 필요해 보인다. 나아가, 요식절차라는 인식을 넘어 본 설명의무의 충실한 이행을 통해 대상 고객은 물론 잠재적 민원이나 분쟁을 해소하는 용도로 활용될 수 있을 거라는 적극적 태도와 접근이 필요해 보인다.

■ (대출성 상품 관련) 불공정영업행위 금지(금소법 20조)

본 사항은 금융소비자의 권익을 침해하는 행위를 명시하여 규제함으로써, 금융기관이 판매하는 대출성 상품과 관련해서는 금융소비자 보호법 내 가장 중요한 파트라 판단된다. 대표적인 금융 규제인 '구속행위 규제'부터 '연대보증'과 '중도상환수수료 징수' 등 대출과 관련한 불공정영업행위를 포괄적으로 열거 · 규제하고 있다.

법규 내용 요약 [금소법 20조] [시행령 15조]	설명
은행은 금융소비자의 권익을 침해하는 다음의 행위가 금지됨	
◇ 대출계약체결과 관련하여 금융소비자의 의사에 반하여 다른 금융상품의 계약체결을 강요하는 행위 [20조①항1호]	예금 등의 구속 행위 금지

◇ 대출계약체결과 관련하여 부당하게 담보를 요구하거나 보증을 요구하는 행위 [20조①항2호]	부당한 담보/보증 요구행위 금지
◇ 자기 또는 제3자의 이익을 위하여 금융소비자에게 특정 대출 상환방식을 강요하는 행위 [20조①항4호가목]	대출 상환방식의 강요 행위 금지
◇ 아래의 경우를 제외하고 어떤 명목이든 중도상환수수료를 부과하는 행위 [20조①항4호나목] 1) 대출계약 성립일로부터 3년 이내 상환 시 2) 다른 법령에 따라 중도상환수수료 부과가 허용되는 경우 3) 금융소비자보호 및 건전한 거래질서를 해칠 우려가 없는 행위로서 대통령령으로 정하는 경우	중도상환수수료의 부당 부과 행위 금지
◇ 개인에 대한 대출 등 대통령령으로 정하는 대출상품의 계약과 관련하여 제3자의 연대보증을 요구하는 경우 [20조①항4호다목] [시행령 15조②항]	개인대출 등에 대한 제3자 연대보증 행위 등 금지
◇ 그 밖에 금융상품판매업자등이 우월적 지위를 이용하여 금융소비자의 권익을 침해하는 행위 [20조①항6호] [시행령 15조④항]	기타 불공정영업행위의 구체적 유형 또는 기준

❶ 불공정영업행위 금지(의사에 반하는 금융상품의 계약체결 강요 행위)

대출성 상품의 계약과 관련하여 소비자의 의사에 반하여 다른 금융상품(예금 등)의 계약체결 강요 행위 금지(금소법 제20조①항1호, 시행령 15조④항1호)는 금융소비자보호법 및 동 시행령에서 명시한 내용 외에도, 금융소비자보호감독규정 및 동 시행세칙을 통해 단계적으로 명시하고 있다. 내용이 다소 방대하여 본 서에 모두 담지는 못했지만, 실무경험칙상, 다양한 사례별로 정확한 해석을 찾아 적용하기에 어려움이 존재할 것이다. 이 경우, 각 금융기관의 규정 담당자 또는 법무 담당자와의 협의를 통해 정확한 업무처리가 요구된다. 왜냐하면, 각종 금융규제 중 제재의 강도가 높고 과태료 등 벌칙이 다소 과중(금소법 제 20

조①항 위반 시 과태료 1억 원 이하)하기 때문이다.

[정리] 구속행위 간주 규제의 체계

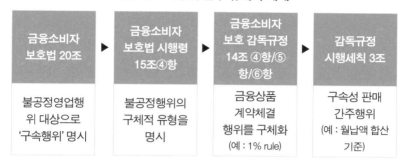

❷ 불공정영업행위 금지(부당한 담보 및 보증요구 행위 제한)

현행 금융소비자보호법상 규제는, 부당한 연대보증 행위를 '불공정 영업행위'로 규정하여 크게 ① 부당한 담보 및 보증 요구 금지와 ② 제3자 연대보증 제한으로 구성되어 있다.

A. 불공정한 연대보증 규제 1 - 부당한 담보 및 보증 요구 금지

법규 내용 요약 (금소법 20조①항2호)/(시행령 15조④항) - 2	설명
◇ 부당한 담보 및 보증 요구 금지 : 대출성 상품 등의 계약과 관련하여 부당하게 담보를 요구하거나 보증을 요구하는 행위를 금지	▣ 기존 은행법상 계열사 중복보증, 이중보증 제한 및 담보 제공자 연대보증 제한 기준의 확장
가. 담보 또는 보증이 필요 없음에도 이를 요구하는 행위 나. 해당 계약의 체결에 통상적으로 요구되는 일반적인 담보 또는 보증 범위보다 많은 담보 또는 보증을 요구하는 행위	

법인기업인 차주의 신용도가 양호하거나 담보 제공이 충분한 경우, 연대보증인 없는 대출 취급을 권하는 목적 또는 여러 보증인을 중복으로 입보하는 관행 등을 개선할 목적으로 제정된 것으로 보인다. 그러나 본 법규상 문구가 너무 모호하고 추상적이라 판단한다. 따라서 이러한 법규상 제한을 근거로 연대보증인에 대한 감독 당국의 강화된 제재 시도에 대해 개별 금융기관의 개별적 반론이 크게 증가할 것으로 예상된다.

B. 불공정한 연대보증 규제 2 - 제3자 연대보증 제한

법규 내용 요약 (금소법 20조①항4다목)/(시행령 15조②항)	설명
◇ [대출성 상품] 개인에 대한 대출 등 대통령령(시행령 15조②항)으로 정하는 대출상품의 계약과 관련하여 제3자의 연대보증을 요구하는 경우를 금지	➡ 개인, 법인, 조합/단체별 연대보증 제한 기준
[시행령 15조 ②항] 1. **개인**인 금융소비자에 대한 대출에 제3자의 연대보증을 요구하는 경우. 다만, 다음 각 목의 제3자에 대해서는 연대보증을 요구할 수 있다. 　가. 사업자등록증상 대표자의 지위에서 대출을 받는 경우 해당 사업자등록증에 기재된 다른 대표자 　나. 「건축물의 분양에 관한 법률」에 따른 분양대금을 지급하기 위해 대출을 받는 경우 같은 법에 따른 분양사업자 및 해당 건축물의 시공사	➡ 개인대출(사업자포함) 입보 허용 범주 : ❶ 공동사업자, ❷ 중도금대출의 시행사 및 시공사

2. **법인**인 금융소비자에 대한 대출에 제3자의 연대보
   증을 요구하는 경우. 다만, 다음 각 목의 제3자에 대
   해서는 연대보증을 요구할 수 있다.
   가. 해당 법인의 대표이사 또는 무한책임 사원
   나. 해당 법인에서 가장 많은 지분을 보유한 자
   다. 당 법인의 의결권 있는 발행 주식 총수의 30%(배
      우자·4촌 이내의 혈족 및 인척이 보유한 의결권 있는
      발행 주식을 합산한)를 초과하여 보유한 자
   라. 그 밖에 대출의 목적·성격 및 대상 등을 고려하
      여 금융위원회가 정하여 고시하는 자

▶ 법인대출의 입보자
  격을 4가지 유형으
  로만 제한
  ❶ 대표이사
  ❷ 최대주주
  ❸ 주요 주주
  ❹ 특수유형
   - 동일 계열사
   - PF대출 시행사
   - 중도금대출의
     시행사, 시공사

[감독규정 14조①항] 금융위원회가 정하여 고시하는 자
1. 금융소비자(채무자)와 같은 기업집단에 속한 회사
2. 프로젝트금융(대출) 또는 이와 유사한 구조의 금융상품
   에 관한 계약을 체결하는 경우에 그 프로젝트금융의 대
   상이 되는 사업에 따른 이익을 금융소비자(채무자)와
   공유하는 법인
3. 「건축물의 분양에 관한 법률」에 따른 분양대금을 지급
   하기 위해 대출을 받는 경우 같은 법에 따른 분양사업
   자 및 해당 건축물의 시공사

3. 조합·단체인 금융소비자(채무자)에 대한 대출에 제3
   자의 연대보증을 요구하는 경우. 다만, 해당 조합·단
   체의 **대표자**에 대해서는 연대보증을 요구할 수 있다.

▶ 조합/단체의 입보 가
  능 범주를 제한

기존 금융 당국의 행정지도로 존재했던 은행권의 연대보증 기준을
금소법에 편입하되, 명시된 기준을 따르지 않는 연대보증을 불공정영
업행위 금지의 대상으로 명확화하였는바, 그 적용범위가 1금융권인
은행에서 2금융권인 저축은행 및 여전업계에까지 균일하게 확장된
점은 매우 중요한 변화라 생각된다.

C. 불공정한 연대보증 규제 3 - 기타 연대보증 및 담보 제한

법규 내용 요약 (금소법 제20조①항6호) (시행령 제15조제④항제3호라목) (감독규정 제14조⑥항8호)	설명
◇ 불공정영업행위의 규제적 유형 또는 기준으로, 금융위원회가 정하여 고시하는 행위 [8호] 금융소비자 또는 제3자로부터 담보 또는 보증을 취득하는 계약과 관련된 다음 각 목의 행위 가. 해당 계약서에 그 담보 또는 보증의 대상이 되는 채무를 특정하지 않는 행위 나. 해당 계약서상의 담보 또는 보증이 장래 다른 채무에도 적용된다는 내용으로 계약을 하는 행위	▶ 대상채무의 종류를 명시하지 않은 한정근[83]담보/보증 금지 ▶ 포괄근 담보/보증 금지

　　본 조항은, 과거 은행법에서 규제해 온 연대보증 및 담보 기준의 불공정영업행위를 다소 원론적인 표현을 통해 옮겨 온 조항으로 이해된다. 보증계약의 경우 대부분 '특정근 보증'으로 진행된다는 점을 고려시 특별히 문제가 되지 않을 것으로 보이나, 담보권의 운용과 관련하여 '한정근 담보' 방식의 운용 시 담보의 효력 범위를 명확히[84] 하는 동시에 담보제공자의 명시적 의사를 확인하는 절차가 더 중요해질 것으로 예상한다.

---

83)　현행 금융권에서 활용되는 근담보권 운용방식은 크게 ❶ 특정근(피담보채무의 범위가 특정 거래약정에 의해 정해지는 여신을 담보), ❷ 한정근(피담보채무의 범위가 특정 종류의 거래에 의해 정해지는 현재 및 장래 일정 종별여신을 담보)이 존재한다.

84)　근저당권설정계약서상 거래의 종류를 정확하게 명기하는 한편 은행연합회 등을 통해 마련된 관련 공통 서식 〈대출과목 분류표〉의 징구하는 방법 등.

❸ 불공정영업행위 금지(기타 금융관행의 철폐 목적 금융위원회 고시)

금융소비자보호법상 불공정행위에는 동법 시행령 및 금융위원회 고시(금소법 감독규정)를 통해 명시된 다음의 행위가 포함되어 있다.

법규 내용 요약 (금소법 20조①항6호) (시행령 제15조제④항제3호라목) (금소법감독규정 14조⑥항)	
시행령 문구	**주요 내용**
◇ 대출계약 최초 이행일 전·후 각각 1개월 내에 공제상품, 상품권 관련 계약체결 금지	▶ 구속행위 규제의 확장 (공제상품, 상품권 가입 제약)
◇ 계약의 변경/해지를 사유로 금융소비자에게 수수료 등 금전지급을 부당하게 요구하는 행위(예 : 대출의 대환/재약정 시 총 계약 기간이 3년을 경과하였음에도 중도상환수수료를 부과)	▶ 중도상환수수료의 부당 징수 금지
◇ 근저당이 설정된 금전제공계약의 금융소비자가 채무를 모두 변제한 경우에 해당 담보를 제공한 자에 근저당 설정을 유지할 것인지를 확인하지 않는 행위	▶ 근저당채무의 상환완료 시 근저당권의 유지 여부 확인 의무

본 사항은 금융소비자보호감독규정에 명시되었지만 상위법규에서 정한 사항의 위임규정으로서, 특정 항목에 대해 반복되는 금융소비자의 불편을 사전에 해소시킬 목적으로 제정된 것으로 이해된다. 대표적으로, 대출 취급 관련 '예금 등(예금, 펀드 등)의 구속행위 금지'에 더하여, 공제상품 및 상품권 등에 대한 가입행위 역시 구속행위 규제의 대상임을 명확히 한 것이다. 중도상환수수료의 징수에 대해서도 일반적인 중도상환수수료 부당 징수 제한기준에 추가하여, 금융소비자의 상습 민원제기 사항(대환/재약정 이전 대출 기간을 고려하지 않은 중도상환수수료 징수 행위)을 불공정영업행위로 구체화하였다.

한편, 담보대출의 완제에 따른 근저당권의 유지 여부 확인과 관련해서는 오랫동안 감독 당국에서 관심을 두어 추진해 오던 항목임에도, 실무적으로 상환시점에 이를 제대로 챙기기 어려운 측면이 존재하였다. 이는, 대출을 취급한 영업점(저당권 계약을 관리 중인 영업점)이 아닌 제3영업점을 통한 상환 또는 인터넷뱅킹 등을 통한 상환이 이루어지는 경우도 흔하기 때문이다. 다만, 저당권 계약서류를 집중화하는 한편 전산프로세스 고도화를 통해 대출상환 시점에 저당권의 유지 또는 활용의사를 바로 확인하고, (해지를 원할 경우) 해지 절차에 적극적으로 협조하는 것이 신뢰받는 금융기관의 의무라고 이해된다.

Ch III

PF대출의 개념과 심사방법론

[III-1] PF의 개념과 범주

PF의 개념과 특성

■ PF의 개념

프로젝트 파이낸싱(PF : Project Financing)이란, 좁게는 발전시설, SOC 등 큰 비용을 수반하는 대형 설비 프로젝트에 대한 여신을 의미하나, 실무에서는 부동산개발, 인프라(SOC) 투자는 물론 기업 인수자금, 자산유동화 등 대규모 사업(Project)을 추진하는 과정에서 필요한 거액 자금 조달을 위해 동원되는 금융수단 또는 투자금융기법을 통칭하는 의미로 사용된다. 이러한 프로젝트 파이낸싱은 여러 분화된 형태로 설계/운용되는데, 은행권에서 취급되는 PF는 크게 다음의 5가지 유형으로 분류할 수 있다.

[정리] PF의 대표유형과 프로젝트 종류(PF개념의 확장)

구분	프로젝트 유형	비고
부동산 PF (부동산개발 PF)	부동산(주거, 상업, 공업용) 개발 프로젝트	전형적 PF
SOC PF	SOC(고속도로, 발전소 등) 프로젝트	확장된 PF (인프라금융)
선박, 항공기 PF	선박금융, 항공기 금융	확장된 PF (선박금융, 항공기금융)
인수금융	기업 인수 프로젝트 (메자닌 투자 포함)	광의의 PF (기업금융)
유동화금융	자산 유동화(securitization) 프로젝트	광의의 PF (구조화금융)

이러한 PF는 실무에서 그 범주를 어떻게 정의해야 하는지와 관련하여, 상당한 혼선이 존재하며 금융기관별로도 그 범주가 일치하지 않는 측면이 있다. 또한, 투자금융업권에서 사용되는 IB(Investment Banking) 개념이나 바젤III 기준 개념체계인 '특수금융'[85]과 혼용되기도 한다. 굳

---

85) '특수금융'은 기업의 경상적인 활동으로부터 창출된 현금흐름보다는 '담보된 자산으로부터 창출된 수입으로부터 일차적 상환이 이루어지는 금융'으로 정의되고, 세부적으로는 PF, OF, CF, IPRE, HVCRE로 구분한다. ☞ 은행업감독업무시행세칙 별표(신용 · 운영리스크위험가중자산에 대한 자기자본비율 산출기준(바젤III 기준)
   (1) **프로젝트금융(PF; Project Finance)** : 발전소, 교통시설 등 큰 비용을 수반하는 대형 설비프로젝트에 대한 여신.
   (2) **오브젝트금융(OF; Object Finance)** : 선박, 항공기 등과 같은 유형자산을 구입하기 위한 여신.
   (3) **상품금융(CF; Commodities Finance)** : 공인거래소에서 거래되는 상품(원유, 농작물) 등에 의해 담보되고 동 자산의 판매대금을 상환재원으로 하는 단기구

이 개념을 나눠 보자면 'PF'는 다양한 방식의 투자금융, 회사채, 지분투자, M&A, 대체투자(AI) 등을 망라하는 IB보다는 협의의 개념으로 볼 수 있으며, 바젤III 개념체계에서의 '특수금융'보다는 넓은 개념으로 접근할 수 있을 것이다.

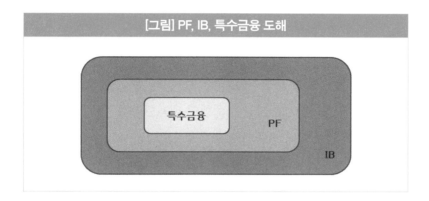

[그림] PF, IB, 특수금융 도해

[참고] IB(Investment Banking)의 범주

구분	DCM (Debt Capital Market)	ECM (Equity Capital Market)	투자금융	M&A
대표 업무	회사채	IPO	부동산금융, 인프라금융	인수주선, 인수금융
	구조화금융	증자/메자닌 (CB, BW)	PE, NPL, AI(대체투자)	매각자문

* 출처 : 신한금융투자 GIB홈페이지

조화여신.
(4) **수익창출 부동산금융(IPRE; Income-Producing Real Estate)** : 리스료, 임대료 등의 수익이 발생하는 부동산 일체의 건축 또는 보유를 지원하기 위한 여신.
(5) **고변동성 상업용 부동산금융(HVCRE; High-Volatility Commercial Real Estate)** : 여신 초기 현금흐름의 저조로 인해 잠재적인 상환재원이 불확실하여 손실률 변동성이 높은 부동산 등을 담보로 한 여신.

■ PF의 특성

PF에 대한 개념과 범주의 혼선은 뒤로하고, 일반 프로젝트 파이낸싱 (PF)을 관통하는 중요한 특징적 요소를 살펴보면 대체로 다음과 같다.

첫째, 일반적인 대출(신용공여)이 채무자의 신용도(Credit) 또는 담보 (Collateral)를 기반으로 이루어지는 데 비해, PF는 프로젝트 자체의 '사업성(Feasibility)'과 '미래 현금흐름(Future Cash Flow)' 등을 바탕으로 한다는 점이다. 둘째로, 통상의 프로젝트 기간이 장기이고, 인허가, 분양성, IPO 등 불확실성과 다양한 대외변수의 개입으로 인한 복잡성 (complexity)과 이에 따른 다양한 위험이 내재한다는 점, 셋째로, 독립된 프로젝트의 수행과 연관되므로, 특수목적법인(SPC)을 별도로 설립하여 실질 차주와 프로젝트회사 간 리스크를 분리하는 구조가 흔히 이용된다는 점이며, 마지막으로, 프로젝트 수행에 통상 거액이 소요되기에 다수 금융기관이 공동 참여하는 신디케이션 형태를 취하는 점이다.

[정리] 일반여신과 PF의 접근 Point 차이(대출 심사적 관점 : 2C vs 2F)

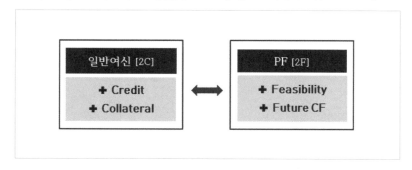

■ 부동산 PF와 일반대출의 경계

부동산 PF의 이론적 개념이 비교적 명확함에도 불구하고, 금융기관 실무에서는 부동산 PF와 일반 기업금융의 구분이 모호한 경우가 의외로 많다. 두 유형의 여신을 구분하는 것이 중요한 이유는, 각각에 적용되는 정책(전결기준 등)과 위험자산가중치가 상이[86]하여 위험가중자산 대비 수익성 지표 또는 자본비율 지표(예 : BIS비율)에 적지 않은 영향을 주기 때문이다. 다음에서는 개별 사례의 구분을 돕기 위해 주요 분류근거를 정리해 보았다. 열거된 부동산 PF대출 분류 기준을 대부분 충족하는 경우 PF 익스포저로 분류할 논리를 강화한다.

[정리] 부동산 PF와 일반대출의 차이

항목	부동산 PF	일반 기업대출
자기자금 비중	시행주체의 자기자금 비중이 미미	시행주체의 자기자금 비중이 높은 편(20% 이상)
건축자금 (공사대금)의 지급	(통상) 분양불로 지급	시행주체(건축주)의 자기자금 또는 별도 건축자금대출로 조달
대출 상환재원	중도금 및 분양잔금 등을 통해 상환	준공 후 매각대금 또는 (임대보증금 등) 대체 현금흐름으로 상환
개별 약정 여부	인출선행조건, 재무약정 등 특별 약정사항이 포함된 개별(비정형) 약정서 사용	공정위 표준 약정서 (은행 표준 여신거래약정서)를 사용
신디케이션 구조	신디케이션 구조가 일반적	단독 참여 또는 소수 기관 참여

---

86) 통상, 일반 기업대출 익스포저 대비 PF대출 익스포저의 위험가중치가 높은 것이 일반적이다. 한편, 저축은행과 여신전문금융회사의 경우에도, PF익스포저에 대한 다양한 여신한도 규제를 적용받고 있다.

[III-2] 부동산 PF 심사

부동산 경기에 따라 거래빈도가 달라지기는 하겠지만, 부동산 PF는 국내 금융기관에서 취급하는 PF유형의 절대적 비중을 차지하는 영역이다. 따라서 부동산 PF의 구조와 실무를 이해하는 것만으로도 PF 전반에 대한 생소함을 극복하는 데 도움이 될 것이다. 필자 역시 15년이 넘는 기획, 심사 경력 및 IB 실무부서 경력에도 불구하고, 필드에서 영업을 담당하던 시절, PF에 대한 막연한 부담감이 있었던 것이 사실이다. 그러나 이후 다양한 PF대출 심사실무를 경험하며 느낀 바를 요약하자면, PF대출의 심사라 하여 특별한 분석기술이나 심사기법이 필요한 것이 아니라는 것이다. 다만, PF는 '다양한 불확실성'이 개입되는 금융영역으로서 높은 수수료 수취로 양호한 수익성을 확보할 수 있는 메리트의 이면에, (일반대출 대비) 다소 복잡하고 다양한 리스크를 종합적으로 고려해야 하는 점과, 부동산 동향 및 금융정책의 변동성을 읽어 내고 이러한 변동성이 해당 개발사업의 완성(준공) 및 분양성에 미치는 영향도를 가늠하는 기술이 매우 중요한 영역이라 할 것이다.

부동산 (개발) PF 구조와 심사

가장 대표적인 프로젝트파이낸싱(PF) 유형인 부동산 PF의 경우에도, (개별 사안별로) 금융구조가 조금씩 다르게 설계되고 있다. 이는, 주선하는 기관의 스타일과 선호 패턴과도 관련되지만, 부동산 PF 구조를 결정짓는 요소에는 다음과 같이 다양한 항목들이 상호 작용하기 때문이다.

　① 시공사의 규모, 시공능력 및 신용도

　② 신탁사의 참여구조(토지신탁 여부 및 유형, 대리사무[87] 약정 등)

　③ SPC의 설립 및 시행사 등의 신용보강 방식

　④ 개발사업의 유형(아파트, 기타 공동주택, 지식산업센터, 상가 등)

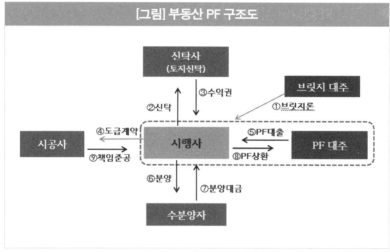

[source : 신한금융투자 GIB 외 (일부 변형)]

　이 그림은 부동산 PF의 표준모형이다. 앞에서 기술한 여러 가지 요인으로 각 PF는 조금씩 구조를 달리하는데, 아주 특수한 형태의 PF를 제외한다면 기본 구조는 큰 틀에서는 동일하다고 할 수 있다. 이러한 기본 금융구조를 중심으로 부동산 PF의 특성을 정리해 보면 다음과 같다.

---

87)　신탁사 명의로 계좌를 개설하여, 인허가 비용, 이자 유보 등의 자금관리과정에서 투명하고 안전하게 (자금을) 관리하는 구조를 말한다.

[정리] 부동산 PF의 특성

> ◇ 개발 부동산의 미래 현금흐름(분양대금 등)을 통해 PF대출 원리금 상환
> ◇ 시공사의 책임준공 약정 및 채무인수 약정을 기본 구조로 설계
> ◇ 제3의 기관(사업성평가전문기관)에 의한 사업성평가 선행
> ◇ 브릿지론부터 준공 및 PF대출 상환 시까지 지속적 자금관리 및 통제
> ◇ 다양한 Risk(토지확보, 인허가, 분양, 시공, 입주위험 등)에 노출

■ 부동산 PF대출의 심사(초기 단계 심사)

  PF대출 담당자에게 있어 특정 PF 딜에 대한 참여 제안이 접수된 경우, 해당 PF의 금융구조가 설계된 배경과 여러 콘텍스트(contexts, 정황)를 (제한된 시간 내에) 개괄적으로 파악해 내는 능력은 매우 중요하다. 왜냐하면, 통상 거액이 모집되는 PF의 참여 검토과정은 많은 시간과 노력이 소요되는 영역이기도 하고 일반적으로는 상위 전결권자의 심의를 거쳐서 최종 의사결정이 이뤄지기 때문이다. 따라서 PF 딜의 접수 초기에 해당 안건을 거절(drop)할지, 각종 자료를 받아서 본격 심의를 진행할지(ongoing)의 선택과 결정은 매우 중요하며, 실제로 PF 심사 숙련자와 비숙련자를 구분짓는 매우 중요한 포인트라 할 수 있다.

  다음은, 일반 부동산 PF의 초기 검토 단계에서 살펴야 할 기본적 접근방식이자 기술(technique)에 대한 설명이다.

[정리] 부동산 PF 검토 초기 단계에서 접근 포인트

사업지의 기본 입지와 프로젝트의 '단계' 파악	◇사업지의 기본 입지와 함께 프로젝트의 진행이력 및 단계를 파악한다. 사업의 기본 입지, 토지확보 현황과 인허가 진척도 등을 사업 전체의 흐름에서 살펴본다. ☞ 사업지 현장방문은 필수적 절차로서, 매우 중요하다.

'사업참여자'의 구성과 역할 파악	◇ 시행사의 실체와 이력, 시공사의 시공능력 및 책임준공 약정 형태와 토지신탁 구조를 살펴봄으로써, 해당 프로젝트의 사업성(분양성)과 연계한 참여 결정 기관들의 참여 배경을 가늠해 본다.
'대주단' 구성과 '참여금액'의 적정성	◇ 검토 중인 대주단의 대략적 구성과 전체 조달금액의 적정성(현재 금융구조로 공사대금 지급 및 준공까지의 자금 확보 여부, 분양대금의 비중 등)을 살펴본다.
대략적인 '분양성'을 가늠	◇ 사업지 인근 유사물건의 분양동향과 부동산경기 변동성을 토대로, 프로젝트 대상물의 '분양성', 이를 기준으로 공사대금 확보와 준공 가능성을 연계하여 추정/검토한다.

이와 같이 부동산 개발 PF에 대한 검토(심사)의 시작은, 해당 프로젝트의 단계와 현황을 파악하는 것에서 시작한다. 이는, 부동산 개발사업 프로세스의 전반적 이해를 전제로 가능할 것이다. 다음의 부동산 개발사업의 표준 단계 및 절차를 중심으로 이해해 보자.

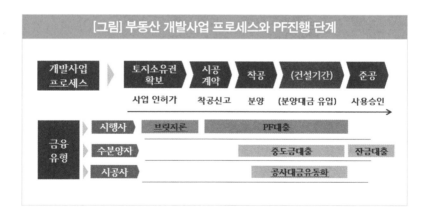

[그림] 부동산 개발사업 프로세스와 PF진행 단계

■ 부동산 PF에 내재된 리스크 유형(본 심사 단계 검토 항목)

다음은 부동산 개발 PF의 진행과 관련하여, 심사 프로세스상 핵심 단계에서의 검토사항인 위험 유형(Risk Factor)을 요약해 둔 것이다. 다음의 사항에 대한 종합적 검토결과를 통해 PF 참여 여부가 최종 결정될 것이다.

[정리] 부동산 PF 위험 유형과 심사 포인트

구분	위험 유형	검토 필요 사항
사업 **초기** 단계	**토지확보 위험**	◇ 사업추진에 필요한 안정적 토지(사업부지) 확보 여부
		◇ 임차인 등 명도위험(명도비용 규모, 사업지연위험) 존재 여부
	인허가 위험	◇ 소관 행정청 인허가 통과위험 및 (인허가) 지연위험
		◇ 지구단위계획 등 행정관청의 고시내역과 사업 영향도
	금융비용 조달위험	◇ 총 사업비용의 조달 완료 여부 · 분양대금을 통해 충당해야 하는 비중 및 그 적정성
사업 **진행** 단계	**준공위험** (시공사 신용보강 장치)	◇ 시공능력 및 자체 유동성 감안한 준공이행능력 · 분양 부진 시 시공사 자금으로 준공 가능 여력
		◇ 책임준공 약정 여부 및 내용
		◇ 신탁계약의 종류/내역(신탁사 책준 유무 포함)
	분양위험	◇ PF대출 Exit 분양율 달성 가능성 · 물건 유형, 해당 지역 분양시장 동향 · 동일 수급권 미분양물량 추이 · 부동산정책 및 세제변동, 시장금리 변동성
사업 **종결** 단계	**입주위험**	◇ 입주시점에 계약포기 및 입주 지연위험 등 (세제변동 및 부동산시장 침체 시 입주위험 확대)
	상환위험	◇ (중도금 등) 상환적립 비중 및 이를 고려한 PF대출 만기 내 상환 가능 여부
		◇ 책임준공 약정 및 신탁구조 감안한 적기 상환 가능 여부
		◇ 미담대 확약[88] 등 신용보강 유무

---

88) 준공 후 미분양 물건을 담보로 하는 대출로, (분양성에 대한 불확실성이 있는) PF 대출의 상환 안정성을 확보하는 차원에서 검토된다.

이와 같이 다양한 위험요인이 내재해 있지만, 사실상 각 위험은 '분양위험(= 분양성)'이라는 핵심 위험요인을 중심으로 상호 연계되어 있다. 즉, '분양성'은 사업자금 조달에 영향을 주어 시공사위험(준공위험)과 입주위험과 상환위험, 나아가 금융비용 조달위험에도 고루 영향을 준다. 또한, 이러한 분양성은 본질적으로 시공사의 시공능력과 브랜드 인지도에 의해 높은 수준으로 종속된다. 따라서 부동산 PF의 경우 '분양위험'의 측정이 절대적으로 중요한 것이고, 그 분양성이란 다수의 변수(예 : 정부의 부동산 정책, 금리기조, 일반 대중의 기호 변화, 글로벌 경제동향 등)의 영향을 받기에 정확한 예측이 쉽지 않으며, 종종 그 예측이 빗나간다는 사실이 부동산개발 PF 심의의 난이도와 어려움을 대변한다.

■ PF 단계에서의 공사보증서 활용

공동주택 개발사업과 관련하여서는 주택도시보증공사(HUG)와 한국주택금융공사(HF)가, 분양 단계 및 시공 단계에서 '신용보증' 등 다양한 형식으로 지원하고 있다. 구체적으로는, 사업초기 주택(아파트, 오피스텔)의 원활한 분양 진행 및 수분양자 보호를 위해 수분양자가 납부한 계약금/중도금의 환급을 보장(분양보증[89])하거나, 주택건설사업자의 사업비 및 건축자금 지원 관련 금융기관의 대출(PF대출)에 대한 지급보증을 제공한다.

---

89) 분양보증 : 주택 등(아파트, 오피스텔)의 개발사업에서 활용되는 보증 유형으로, 건축주의 부도ㆍ파산 등으로 분양계약의 정상 이행이 어려워진 경우, 해당 주택의 **분양 이행**(사용승인 및 보존등기 포함) 또는 수분양자가 납부한 계약금 및 중도금의 환급을 책임지는 주택도시보증공사(HUG)의 보증 상품.

[정리] PF보증과 건설자금보증

「주택사업금융(PF) 보증」	「건설자금 보증」
◇ 주택건설사업의 현금흐름 및 사업성을 담보로 주택건설사업자가 대출 받는 사업비에 대한 주택사업금융의 원리금 상환을 지급보증하는 상품	◇ '(HUG) 표준 PF대출'이나 '주택금융공사의 PF보증'에 비해 공사비까지 추가 보증하는 상품(토지비 + 초기 사업비 + 공사비)
◇ 주택도시보증공사(HUG)	◇ 한국주택금융공사(HF)

〈참고〉HUG와 주택금융공사(HF) 비교

구분	주택도시보증공사(HUG)		한국주택금융공사(HF)	
설립 근거	◇ 「주택도시기금법」		◇ 「한국주택금융공사법」	
설립 목적	◇ 국민 주거복지 증진과 도시재생 활성화 지원		◇ 주택금융 등의 장기적 · 안정적 공급을 촉진	
주요 업무	◇ 각종 주택 관련 보증업무(개인보증, 기업보증) ◇ 주택 관련 정책사업 ◇ 주택도시기금 운용 · 관리 등		◇ 보금자리론, 적격대출 공급 ◇ 주택보증 ◇ 유동화증권[90] 발행 등	
취급 보증	개인 보증	◇ 전세보증금반환보증 ◇ 주택구입자금보증 외	주택 보증	◇ 중도금대출 보증 ◇ 건설자금대출 보증 외
	기업 보증	◇ 주택사업금융보증 ◇ 주택분양보증 외	주택 연금	◇ 주택연금(55세 이상 보유주택 기반 종신연금)

90) 금융기관으로부터 주택저당채권을 양도받아 이를 기초로 유동화증권(MBS, MBB)을 발행한다.

책임준공과 관리형토지신탁

대부분의 부동산 PF는 일정 수준의 시공능력을 보유한 건설회사의 책임준공 구조로 설계된다. 금융기관(대주단)의 입장에서는 (분양이 저조한 경우에도) 자체적 자금동원을 통해 공사를 마무리할 수 있는 여력을 지닌 시공사의 책임준공 확약에 더하여 해당 시공사가 보유한 주택 브랜드를 활용한 분양성의 확보를 희망한다. 시공사의 입장에서는, 준공을 정상적으로 마무리해야만 거액의 용역이 투입된 공사대금을 정상적으로 회수할 수 있기에, 다소 강력한 책임과 의무를 부담하는 '책임준공 확약'을 제공하게 된다.

■ 책임준공 약정의 예시와 채무인수의 범주

책임준공 의무란, (일부 불가항력적 사유를 제외하고) 어떠한 사유에도 불구하고 약속된 기간 내에 건축물을 완공해야 함을 주된 내용으로 한다. 대주단 측에서는, '불가항력'의 사유를 천재지변, 내란/전쟁 등 절대적 시공 불가의 항목 정도로만 한정하되, 여타의 사유 발생 시 시공사의 항변을 방어하고 분쟁의 소지를 사전 차단할 목적으로 약정서를 마련한다. 더불어, 책임준공 확약은, 금융기관의 대출이행 채무에 대한 중첩적·병존적 인수의무를 포함하는 등, 시공사의 책임범주를 포괄적으로 기재하는 것이 일반적이다.

책임준공(채무인수 포함) 약정 문구의 예시(example)

◇ **[책임의 범주]**

시공사는 **천재지변, 내란, 전쟁 등 불가항력적인 경우를 제외**하고, 차주 또는 시공사에 대한 부도사유 발생, 차주가 본 건 사업부지를 확보하였는지 여부, 본 건 사업 관련 제반 인허가의 불비, 미비, 무효나 취소 또는 효력정지, 본 건 사업 공사의 미착공, 착공시기 여부, 공사도급금액/공사 기간 등 본 건 사업 공사조건의 변경, 공사비 미지급 또는 지급 지연, 본 건 사업 관련 분양률의 저조, 민원, 설계변경, 명도지연, 기한이익상실 여부, 문화재의 발굴, 차주의 설립상 하자 및 차주 관련 인허가의 불비, 미비, 무효, 취소, 효력정지, 차주의 주주총회 결의 등 내부 수권절차의 적법/유효 여부, 본 건 사업 관련 도시계획시설부지(도로 등)의 미확보/미준공 등을 포함한 **어떤 이유로도, 본 건 공사를 중단할 수 없고**, 최초인출일로부터 (   )개월이 경과한 날(책임준공일)까지 본 건 건축물을 공사도급계약에 따라 공사 완료하고, 차주 또는 신탁사로 하여금 신탁사 명의로 **본 건 건축물의 사용승인을 취득**하도록 하여야 한다.

◇ **[채무인수][91]**

본 확약인이 책임준공 의무를 이행하지 않아 본 확약인에게 이를 통지하는 경우, 본 확약인은 **대주에 대한 대출약정서상의 피담보채무를 중첩적, 병존적으로 인수**하여 즉시 미상환 대출원리금을 포함한 피담보채무 전액을 변제하여야 한다.

◇ 신탁사의 책임준공 약정

신탁사의 책임준공이란, 시공사가 건물을 준공하지 못하는 상황이 발생하는 경우, (신탁사가) 대주단의 채무를 상환하거나 시공사 교체 후 책임준공을 완료하겠다는 취지의 약정으로, 일부 부동산 PF에서 금융구조의 안정성을 강화하는 용도로 활용된다. 일정 시공능력을 갖추었으나 1군 시공사가 아닌 건설사를 대상으로 경쟁력 있는 시공단가로 개발사업을 추진하는 과정에서 주로 활용되고 있다.

---

91)   책임준공 약정은 금융기관 채무의 인수약정(채무인수) 또는 손해배상(대출원리금에서 미회수채권을 공제한 손해를 배상하는 개념) 약정을 선택적으로 포함한다.

■ 관리형토지신탁

　토지신탁은, 대형 부동산 개발사업에 내재하는 다양한 불확실성을 통제하고 자금관리상 운영위험을 효과적으로 관리할 목적으로 설계된 신탁 상품이다. 이 중, 관리형토지신탁은 사업비의 조달 책임, 인/허가 및 실제 사업진행은 '위탁자(시행사)'가 부담하되, 신탁회사는 대외적 사업 주체이자 수탁자로서의 기본 역할과 함께 분양계약 및 자금의 입출금 관리를 전담하는, 부동산 PF 구조에서 가장 일반화된 신탁상품이다.

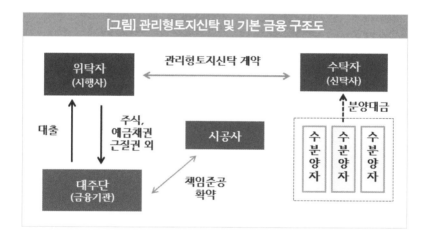

[그림] 관리형토지신탁 및 기본 금융 구조도

◇ 관리형토지신탁의 의미와 활용

　부동산 PF구조에서 관리형토지신탁 계약이 흔하게 사용되는 것은 본 신탁계약에 내재한 구조적 장치[92]가 '대주'인 금융기관 입장에서 매우 중요하기 때문이다. 즉, 대외적인 사업시행자로서 신탁사가 시

---

92)　「금융투자회사의 영업 및 업무에 관한 규정」에서는 '토지신탁수익의 신탁종료 전 지급기준'을 명시하여, 분양대금 등의 유입으로 인해 누적된 신탁수익에 대한 선지급을 구조적으로 통제하여 안정적 사업관리를 유도하고 있다.

행위험을 통제하는 한편, 금융기관으로서 공신력을 지닌 신탁사에 의한 투명한 자금관리를 통해 거액의 자금이 회전하는 대형 개발사업에 내재된 각종 운영위험을 실질적으로 제어할 수 있기 때문이다.

[정리] 관리형토지신탁의 이용 효과

항목	이용 효과
시행자 지위 남용 방지	◇ 사업시행자 명의가 신탁사로 변경되어, 본래의 사업 시행자(위탁자) 지위의 남용 방지 가능
위탁자 고유의 재산과 절연	◇ (신탁재산이) 위탁자의 고유재산과 절연 ◇ (사업부지 및 분양대금에 대한) 제3자 권리침해 방지
투명한 자금관리	◇ (신탁사에 의한) 투명한 자금관리 가능 ◇ 분양사고(이중 계약 등) 방지, 분양대금 유용 차단
공신력과 분양성 제고	◇ 신탁사의 공신력 : 금융회사인 신탁사의 공신력을 바탕으로 수분양자의 신뢰 형성 및 분양성 제고 가능
(대주단) 체계적 담보관리 가능	◇ 사업부지 및 건축물의 소유권이 수탁자로 이전되어 담보물건의 확보 용이 및 체계적 담보관리 가능

이러한 장점에도 불구하고 모든 개발사업 구조에서 관리형토지신탁이 무조건적으로 활용되는 것은 아니다. 이는, 개발사업을 통한 사업이익 적정 확보를 추구하는 사업주의 이해와, 준공위험 등을 낮추려는 금융기관 등의 이해가 일부 상충하기 때문이다. 따라서 1군 시공사 등 우량 건설회사의 자체 개발사업 등에는 활용하기 어려운 측면이 있고, 이는 관리형신탁 계약으로 인해 (분양대금 유입에 따른 신탁수익의 선지급 제약 등) 자금운용에 대한 통제가 존재하여 사업시행자의 사업이익 조기 획득을 어렵게 하는 신탁구조가 (개발사업주 입장에서) 부담이 될 수도 있기 때문이다.

브릿지론(Bridge Loan)

통상 거액의 사업비가 소요되는 부동산 개발사업 시행에 있어, 사업초기 사업부지(토지)의 매입 및 기초 운영자금 조의 자금이 필요하게 된다. 이 경우, 자금의 여유가 충분하지 않은 시행사는 금융기관으로부터 거액의 단기성대출[93]을 수혜하게 되는데 이것이 일명 「브릿지론」이다.

■ 브릿지론(Bridge Loan) 개념

브릿지론은 통상 3년 이상의 기간으로 설계되는 본 PF(대출)를 추진하기 이전 단계에서의 사업부지(토지) 구입자금 등에 사용할 목적으로 지원된다. 신속한 융자가 가능한 대신, 일반 PF대출보다 높은 이율이 책정되고 별도의 취급수수료가 부가되는 경우가 일반적이다.

[참고] 브릿지론과 (일반) 토지담보대출의 차이

구분	브릿지론	(일반) 토지담보대출
채권보전	(통상) 토지에 대한 담보신탁 수익권	(통상) 토지에 대한 근저당권
현금흐름 (상환재원)	본 PF 조달자금	차주 고유의 사업소득, 미래 임대소득 외
신용보강	시공사 연대보증, 시행사 대표자 연대보증 등 (금소법 허용범주 내 가능)	(금소법 허용범주 내 가능)

---

93) 심사 경험칙상, 부동산 개발 관련 브릿지론의 경우 통상 12개월 전후의 단기형대출이 흔히 사용된다.

■ 브릿지론(Bridge Loan)의 심사

브릿지론에 내재한 위험은, 추후 본 PF과정에서 부담해야 하는 PF 대출의 기본 위험에 더하여, 토지확보 및 인허가위험 등 사업 초기에 부담하는 불확실성과 강력하게 연동되어 있다. 이러한 이유로 1금융 권보다는 2금융권 중심의 금융참여가 일반적인 유형의 대출이라 할 수 있다. 다만, 개발사업이 본격 추진되기 이전의 대출로서, (본 사업 무산 시) 담보토지의 매각을 통한 처분이 가능할 수 있고, 단기대출로서 높은 수익성과 수수료를 확보할 수 있는 점은 금융기관 입장에서의 참여 유인(장점)이 된다고 볼 수 있다.

[정리] 브릿지론의 심사 포인트

심사 항목	핵심 심사 포인트
토지확보위험과 완성도	◇ 브릿지론을 통해, 토지잔금의 지급 및 토지확보가 완료될 수 있어야 한다. 토지확보가 지연되는 경우, 인허가 및 착공일정 지연에 따른 (본 PF 조달 지연으로) 브릿지론 Exit이 지연될 수 있다.
인허가위험	◇ 해당 토지의 성격(용도지역, 용도지구 등)과 행정관청의 고시내용 및 본 사업 추진계획서 등의 리뷰를 통해, 인허가 통과 가능성과 추진 일정을 가늠한다.
사업 안정성 (입지조건과 시행사의 신뢰도 및 재무여력)	◇ 사업지의 기본 입지와 (부동산) 시장 동향은, 사업안정성 확보에 있어 최우선 고려사항이다. ◇ 개발 단계의 초기로 사업 불확실성이 일반 PF보다 크기 때문에, 시행사의 자금 조달능력과 신뢰도(기존 사업이력)가 중요한 의미를 갖는다.
상환위험 (본 PF 성사 가능성)	◇ 입지여건 및 분양성, PF 조달(대주 모집) 가능성, 적정 시공사 선정 및 적정 사업이익의 확보 가능 여부 등을 종합적으로 고려한다.

[III-3] 기타 유형의 PF

인프라금융과 구조화금융

「기타 PF」의 대표적 유형으로서 SOC금융(인프라금융)과 유동화금융(구조화금융)에 대해 알아보고자 한다. 개별 Deal의 성격 및 설계자와 참여자의 구성에 따라 금융구조가 많이 달라질 수 있으니, 기본 개념만 짚어 보기로 한다.

■ 인프라금융(SOC Finance, SOC 금융) **source 신한금융투자

'인프라 시설(SOC 시설)'이란 사회 기반시설(도로, 철도, 발전시설, 신재생에너지 등)을 말하며, '인프라금융'이란 민·관 공동 또는 민간사업자가 단독으로 추진하는 사회 기반시설의 설치에 소요되는 (통상 거액의) 자금을 PF 방식으로 조달하는 구조의 금융을 통칭하며, 시설물의 성격 및 추진방식에 따라, BTL, BTO, BOT, BOO 등으로 세분화된다.

▶ BTL(Build-Transfer-Lease) 사업 개요

BTL 사업이란, 민간사업자가 전체 사업비를 공동 투자하여 공공시설을 준공(Build)한 후, 시설 완공시점에 소유권을 정부에 이전(Transfer)하는 대신, 일정 기간 동안 (시설물 사용/수익권을 보유한 채로) 해당 시설을 정부 등에 임대(Lease)하여 투자비를 회수하는 민간투자 사업방식을 의미한다. 수익창출이 용이하지 않은 사업시설(학교, 병원 등)에는 본 BTL 사업방식이 주로 사용되는 반면, 당해 시설물의 가동

과 운용을 통해 수익성 확보가 가능한 시설(도로, 철도, 발전시설 등)에는
BTO,[94] BOT,[95] BOO[96] 사업방식이 주로 사용된다.

[정리] BTL의 특성

항목	설명
대상 시설	◇ 최종 이용자를 대상으로 하는 사용료 부과를 통한 투자비 회수가 용이하지 않은 성격의 시설(예 : 학교, 병원, 기숙사 등)
투자비 회수	◇ '정부' 등에 시설을 임대함에 따른 시설 임대수입
사업 리스크	◇ 제한적(정부 등이 수익률을 보장)

▶ SOC 여신의 심사

BTL로 대표되는 SOC 여신의 심사 스킴(Scheme)은, 오히려 심플하
다고 할 수 있다. 즉, SOC(사회간접자본, Social Overhead Capital) 프로젝트
자체가 공익성을 내포하기에, 상환재원이 되는 현금흐름 역시 정부,
공공기관 등이 그 안정성을 보장하는 구조로 설계되기 때문이다. 따
라서 절대 현금흐름 또는 공공기관 자체의 안정성 보다는, 세부 금융
구조에서 공공기관이 주장할 수 있는 면책조항의 존재 유무와, 상환
이 지연될 수 있는 예외적 이벤트에 대한 통제의 완결성을 살펴보는
것이 핵심이라 할 수 있다.

---

94) BTO(Build–Transfer–Operate) : 민간이 건설(Build) 후 소유권을 정부 등에 이전
(Transfer)하되, 일정 기간 시설운영(Operate)을 통해 수익을 확보하는 방식.
95) BOT(Build–Operate–Transfer) : 민간이 시설(Build)하고 일정기간 운영(Operate)
한 후 계약기간 종료시 시설소유권을 정부 등에 이전(Transfer)하는 방식.
96) BOO(Build–Own–Operate) : 사업 시행자가 시설물을 건설(Build) 후 해당 시설물
을 소유(Own)한 채로 직접 운영(Operate)하는 방식.

■ 구조화 금융(Structured Finance)

구조화 금융이란, 자산의 소유자가 일반금융상품을 통해서는 원하는 목적을 달성하기 어려운 경우, (금융상품을) 다양한 방법으로 변형/설계(구조화, structuring)하는 방식의 금융공학기법을 의미하며, 자산유동화 증권(ABS)의 설계와 발행이 가장 대표적 사례라 할 수 있다. 통상의 구조화 금융은, 특정한 목적을 위해 설계되며 법률적으로 독립된 특수목적기구(Special Purpose Vehicle)의 설립을 통해 자금을 조달하게 된다.

▶ 자산유동화증권(ABS, ABCP) 개념

기업이 보유하고 있는 특정 자산(예 : 매출채권, 공사대금, 시행이익 등)을 표준화하고 정해진 조건별로 집합(Pooling)하여 특별목적기구(SPV = SPC)에 양도하고, 이를 기초로 유동화증권(ABS, ABCP) 등이 발행된다. 원활한 발행과 유통을 위해 은행 등의 신용보강(매입 또는 인수약정)이 수반되기도 하며, 당해 유동화자산의 관리, 운용 또는 처분에 의한 수익(현금흐름)을 통해 (유동화증권 투자자에 대한) 원리금 상환이 이루어진다.

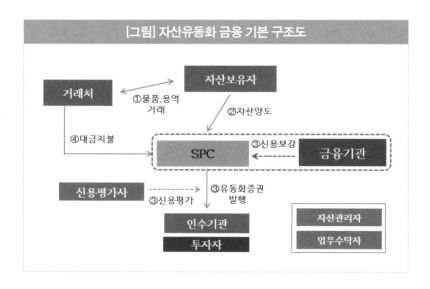

[그림] 자산유동화 금융 기본 구조도

[정리] ABS의 파생 및 유사구조 상품

항목	설명	특징
ABS	자산유동화 증권	◇ 통상 기초자산 보유자가 해당 자산을 SPC 앞 양도(매각)하여, 회사채의 형태로 발행(공모방식이 일반적이나 사모방식도 가능)된다.
ABCP	자산유동화 어음증권	◇ 유동화증권(채권)을 단기 CP 형태로 발행(리볼빙 구조)하는 유형이다. ☞ ABSTB(유동화전자단기사채) : ABCP와 유사하나, 발행사무 간소화가 가능하고 적은 액면금액으로 발행이 가능한 전단채
ABL	자산유동화 대출	◇ 자산을 담보로 하는 일반대출(General Loan)과 사실상 유사하다. 통상 사모방식으로 진행되며, ABS/ABCP에 비해 형식에 구애 없이 다양한 방식으로 설계되어 활용된다. ☞ 부동산개발금융에서 파생되는 ABL로 분양대금ABL(시행사의 시행이익이 기초자산)과 공사대금ABL(시공사의 공사대금이 기초자산)이 있다.

➡️ 유동화 여신의 심사

유동화 여신의 금융구조가 '특정 자산으로부터 창출되는 미래 현금흐름'을 기초로 설계되기에, '대상 자산의 내재가치'(기초자산에서 창출, 파생되는 현금흐름의 규모와 안정성)를 측정하고 평가하는 것이 심사의 핵심이라 할 것이다. 한편, 통상 사모방식으로 설계되는 ABL은 유동화 대상 자산의 내재가치 평가와 함께, 유입되는 현금흐름에 대한 통제장치(예: 금전신탁 구조 등)의 완결성을 두루 살펴야 할 것이다.

인수금융(Acqusition Financing)

■ 인수금융의 개념

인수금융이란, 기업이 다른 회사의 지분인수를 통한 경영권 획득, 영업양수도 등 기업의 인수나 합병과정에서 소요되는 다양한 외부자금 조달방법을 의미하며, 주로 '차입', '메자닌(Mezzanine)',[97] '출자'의 형태로 구분된다. 회사의 성격이나 지분구조, 스폰서의 성향 또는 주선기관의 역할에 따라 다양한 금융구조로 설계되어 활용되고 있다.

통상의 인수금융의 구조에서는 대주단을 통한 대출과 스폰서의 출자를 통해 대상기업(인수 대상기업, Target 기업)의 지분 및 경영권을 획득하게 되고, 이후 대상기업의 영업활동에 의한 현금흐름을 기본 상환재원으로 하며, 재무약정 및 (인수기업과 대상회사에 대한) 준수항목 부여 등의 통제구조를 포함하여 설계된다.

---

[97] 자기자본(주식)과 타인자본(채권)의 성격을 모두 띤 중위험 투자상품으로, 전환사채(CB), 신주인수권부사채(BW) 및 전환상환우선주(RCPS)가 가장 흔하게 관찰된다.

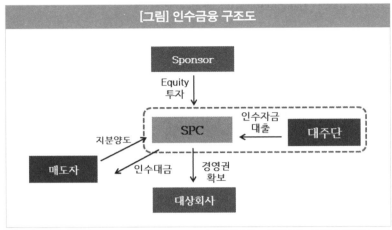

[그림] 인수금융 구조도

* 대상회사(= 대상기업) : 피인수기업(Opco)
* SPC : 차주사(Holdco)

최근에는 인수의 주체인 SPC를 Holdco로 하고 대상기업을 Opco로 분리한 후, Holdco 및 Opco 각각에 대여하는 식의 이중 차주 구조의 인수금융으로 진행되는 경우도 늘어나고 있어, 기존에 많이 활용되던 정통 방식의 인수금융 구조가 점차 분화하고 있는 것으로 보인다.

■ 인수금융의 특징

인수금융의 일반적 특징으로는, ① 주요 채권보전으로 대상기업의 주식 등을 담보(질권)로 취득하고, ② 대상기업(피인수회사)의 영업활동을 통한 현금흐름이 SPC(인수기업) 앞 배당절차를 거쳐 상환재원으로 활용되며, ③ 주요 자산의 매각, 추가 차입 및 출자환급(배당 등) 등을 약정(통제)하여 대상회사의 재무안정성 저하 또는 금융구조의 약화를 제어하며, ④ 통상 선순위 텀론(Senior Debt Financing, Term Loan)과 한도

대출(RCF)의 복층 구조로 이루어지는 점, ⑤ 일정 재무비율 준수 등 재무약정(covenant)의 부과 및 준수의무를 포함하는 점이라 할 수 있다.

최근 2금융권을 중심으로 중순위대출 또는 메자닌 금융의 참여 빈도가 확대되고 있는 것으로 보인다. 주로 중·장기의 투자 기간 동안 양호한 수익률을 보장하는 인수금융은, 이에 상응하는 다양한 리스크를 내포하나 대체투자에 대한 관심이 확대되는 IB시장 환경에서 늘 매력적인 투자상품으로 인식되고 있다.

◇ 인수금융 스폰서의 개념과 유형

인수금융에 있어 인수의 주체인 스폰서(Sponsor)[98]는 흔히 사용되는 개념으로서의 '전주(錢主)'와 유사하지만, 크게 전략적 투자자(SI)와 재무적투자자(FI)로 구분된다. 통상 제3기관에 의한 기업실사(Due Diligence)[99] 및 기업가치 평가(Valuation)를 거쳐 인수금융 조달구조와 방법이 결정된다.

[참고] SI, FI의 구분과 개념

구분	전략적 투자자(SI) (Strategic Investor)	재무적 투자자(FI) (Financial Investor)
개념	경영권 확보를 주목적으로 자금을 지원하는 투자자	투자금에 대한 배당과 원리금 수익을 주목적으로 하는 투자자

---

98) Sponsor의 사전적 의미는, 이른바 '자금을 대는 기관(organization that gives money to support an activity, event)'으로서, 인수금융 구조의 스폰서는 Equity 투입을 통해 경영권(또는 자본이득)을 획득하려는 최상위 주체이다.

99) 기업실사(Due Diligence)란 인수 관련 세부 정보 파악을 위해 대상회사의 경영상태, 자산 및 부채현황 등 세부상황에 대한 종합적 조사 활동을 의미한다. 통상 양해각서(MOU) 등의 체결 이후 본 계약체결 전까지 예비실사가 진행된다.

주된 참여자	사모펀드(PEF) 예) MBK Partners, IMM	시중은행이나 보험사, 증권사, 펀드, 공공기관 등
주 참여 목적	경영권 확보(경영 참여)	자본이득(배당과 매각차익)

■ 인수금융 심사기법 및 유의사항

인수금융은, 특정된 구조가 존재하지 않고 대상기업의 유형, 재무구조 또는 스폰서의 성향에 따라 다양한 구조로 설계되고 있다. 따라서 각 금융구조에 내재된 위험의 유형이 달라질 수 있다. 여기에서는, 인수금융 구조의 공통된 포인트를 중심으로 살펴보고자 한다.

[정리] 인수금융 심사 시 핵심 포인트

핵심 포인트	내용
◇ 대상기업의 미래 현금흐름 창출능력 측정 (가장 중요)	◇ 인수금융의 1차적 상환재원은, 대상회사의 영업활동에 의한 미래 현금흐름(EBITDA)이다. 따라서 대상회사의 영업전망과 수익 창출능력이 가장 중요한 항목이라 할 수 있다.
◇ 대상기업의 지분가치 산출(Valuation) 내역의 비판과 재추정	◇ 외부평가보고서상 예상 매출액 및 영업이익을 비판적으로 재추정할 수 있어야 한다(외부기관가치평가보고서의 맹신은 금물) ◇ 보통 2가지[100] 이상으로 제시되는 (대상기업의) 기업가치에 대하여, 세부 Valuation과정에서의 추정근거와 그 수치의 적정성을 리뷰하여야 한다.

---

100) 예상 수익창출력(EBITDA와 FCFF)을 기준으로 가중평균자본비용을 활용한 현재의 가치로 산출하는 수익가치법(DCF)과, 유사기업과의 상대적 비교(EV/EBITDA multiple)를 통한 시장가치법이 주로 활용되나, 인수금융 유형별로 특수한 Valuation 방식이 고려되기도 한다.

◇ 대출(인수금융) 약정의 구조와 주요 통제 내용 파악	◇ 인수금융은 대상회사의 주식담보, 경영권과 지분관계 등을 포함한 다소 복잡한 약정을 수반한다. 약정서 초안을 미리 살펴보고, 채권보전 측면에서의 영향도를 가늠해 보아야 한다. ◇ 배당 등 출자환급, 차입구조 통제장치와 재무약정 구조, 기한이익상실 조항 등을 파악하여, 인수금융 구조가 안정적으로 유지될 수 있을지를 판단한다.
◇ Exit 시나리오 유형과 가능성 파악 및 (만기 전) 리파이낸싱, 리캡 가능성 파악	◇ 신용공여자 입장에서의 인수금융은 결국 적시에 Exit이 가능한지가 핵심이다. ◇ IPO 등 장밋빛 전망에 얽매이지 말아야 하며, EBITDA의 창출을 통한 지속 가능성이 유지되어야 Exit 가능성이 확대된다.

[정리] 대표적인 가치산정(valuation) 로직

구분	수익가치법	시장가치법
대표 tool	DCF법	EV/EBITDA multiple
기본 로직	EBITDA를 기반으로 산출되는 미래 FCFF를 현가(가중평균 자본비용으로 현재가치 측정)하여 지분가치 추정	유사업종 및 유사기업에 대한 'EBITDA 대비 EV 배수'를 활용하여, 대상회사의 EV를 추정
지분 가치	◇ 영업가치 : 추정 가능 기간 FCFF[101]의 현가 + 영구기업가치의 현가 ◇ 자기자본 가치 : 영업가치 + 비영업용자산가치 - 타인자본가치(차입금)	◇ 유사기업 multiple 추정 ◇ EV = EBITDA × 배수 ◇ 자기자본 가치 : EV + 현금 및 현금성자산 - 타인자본가치

---

101) FCFF(Free Cash Flow to Firm) = EBITDA − Tax − 리스료 ± 순운전자본변동 − CAPEX

IB, PF 관련 용어

용어	설명	세부 내용
Tranche	트랜치 (대출계층구조)	◇ 하나의 딜과 관련한 금융구조에서 론을 계층화하여 분리할 경우 사용되는 개념 ☞ 어원상 '트량쉐'라고 발음하는 것이 맞지만, 실무에서는 흔히 '트랜치'라고 불리고 있다.
RCF (Revolving Credit Facility)	한도대출	◇ 인수금융 등의 구조에서 금융비용 및 기타 운영비용조로 사용하기 위해 설정된 한도대출 ☞ 흔히 인수금융 구조 등에서 Term Loan과 대비되는 개념으로 사용
Term Loan (T/L)	텀론	◇ 사업자를 대상으로 단기(1년)에서 장기(10년)까지의 다양한 만기로 설정되어, 영업자금 및 시설자금 등으로 사용되는 일반자금대출
Term Sheet	텀싯	◇ 차주와 잠재적 대주 사이의 기초약정으로, 주요 금융조건 및 약정에 편입될 주요 내용이 포함된다. ☞ 주선기관이 자금의 조달과정에서 잠재적 대주후보군 앞 제안하는 기준 자료
LOI (Letter of Intent)	대출의향서	◇ 대주 후보가 특정 금융 deal에 참여하고자 하는 의향을 표시하는 서류로, 통상 해당 금융기관의 (미확정) 승인을 조건으로 발부
LOC (Letter of Commitment)	투자확약서	◇ 대출의향서와 비교하여, 금융기관의 내부 승인사항을 담은 투자(참여) 확약서류
Refinancing	리파이낸싱 (대환)	◇ 기존 부채를 상환하기 위해 다시 자금을 조달하는 금융거래로, PF, IB에서 기존 금리를 재조정하거나, 추가 자금 조달 시 사용
리캡 (Re- Capitalization)	자본재조정 (자본재구조화)	◇ 인수금융에 있어, (최초 금융구조의 변형을 거친) 자본 재구조화(Recapitalization)를 의미 ☞ 통상, 인수금융 구조, 모집총액 변경 및 Equity 비중 등의 조정 등을 동반

Trigger	발동조항	◇ 약정 내 준수의무 및 재무 covenant의 위반 시 채권회수 등의 조치가 발동되는 것(일반대출의 기한이익상실 사유와 유사한 개념)
Waiver	권리포기	◇ 주요 금융약정 위반 또는 중요한 이벤트 발생 시 대주의 권리를 유예(포기)하는 것
Covenant	재무약정	◇ 신디케이션 구조에서 금융구조의 안정성 확보를 위해 재무비율 등 준수요건을 부여하고, 위반 시 기한이익상실 등의 사유로 활용
셀-다운	Sell-Down	◇ 승인받은 대출채권을 타 금융기관에 떼어서 양도하는 것 ☞ 거액 PF 대주로서의 위험부담을 경감시키는 용도로 매우 흔하게 활용된다.
공동매도 참여권	Tag-Along Rights	◇ 대주주가 대상회사 주식을 제3자에게 매도 시, 투자자가 대주주와 동일한 '가격'과 '조건'으로 주식 매도에 참여할 수 있는 권리
(투자자의) 공동매도 청구권	Drag-Along Rights	◇ 투자자 보유주식을 매도하면서 다른 주주의 주식까지 (같은 조건으로) 함께 처분하도록 요구할 수 있는 권리 ☞ Exit 가능성을 높이는 의도로 활용된다.

2부

회생절차와 기업 구조조정

Ch IV

회생절차와 기업 구조조정

[IV-1] 회생⒫산⒯절차와 실무

과거 금융기관 재직직원은 대출의 상담 및 승인과정에 직접 참여하는 것에서 나아가, 일반적인 연체관리(납입 지체된 이자 및 원금 정리 요구) 수준의 초기 사후관리와 함께, (가)압류, 대여금청구소송 및 재판과정을 통한 적극적 환가과정에까지 참여하던 시절이 있었다. 이른바 올라운드 플레이어로서 대출의 발생과 소멸 전 과정에 참여하는 방식이었다. 그러나 금융기관 전산의 획기적 발전과 인터넷 시대로의 급격한 진화에 따라 대출 승인시스템 및 사후관리시스템의 전산 고도화에 더하여 사후관리 영역은 금융기관별 사후관리 전문가들이 전담 수행하는 식의 '분업화'의 단계를 거치게 된다.

그럼에도 불구하고, 대출 실무 단계에서 기초적인 '사후관리절차'와

'회생 제도' 등을 이해하지 못하는 경우, 부실징후기업의 관리 및 부실 대출의 회수 실무에서 다소간의 업무적 버거움을 느낄 수밖에 없다. 이에, 대출 채무자가 부실징후 단계에서 회생 단계로 접어들게 되는 과정에서의 기본 쟁점과 및 일반 법리에 대해서는 알아 두는 것은 크게 도움이 된다. 필자 역시, 오랜 여신기획 업무와 심사업무의 수행에도 불구하고, '회생절차' 등의 영역은 매우 생소하고 부담스런 분야였던바, 최근 심사 업무과정에서 회생신청 기업에 대한 분석이 불가피한 상황에서 민간자격증인 '기업회생관리사' 자격을 준비하면서서 비로소, '회생 및 파산'에 대한 기본 개념을 정리할 수 있게 되었다.

회생절차(Rehabilitation)

■ 회생절차(기업회생)의 기본 개념

회생절차는 재정적 어려움으로 인해 파탄에 직면한 채무자(법인, 개인)에 대하여 채권자, 주주 등 이해관계인의 법률관계를 조정하여 채무자 또는 그 사업의 효율적인 회생을 도모하는 것으로, 다음의 표에서와 같이 '일반회생'과 '개인회생'이라는 두 개의 구분된 개념을 포괄한다.

[정리] '회생'의 개념 분류

구분	대상	세부 요건	비고
일반회생	법인	법인(주식회사, 유한회사 등)	
개인회생[102]	개인	담보부채무 10억 원, 무담보부 5억 원 초과	개인 채무자 (급여소득, 사업소득)
		기타 소액 채무의 개인	

---

102) 급여소득이나 사업소득 등 정기적 수입이 있는 개인 채무자를 대상으로 한다.

이 중, '일반회생'은 '기업회생 제도'라는 개념과 흔하게 혼용되며, '개인회생'과는 달리 다소 복잡한 단계와 절차에 따라 진행되는 한편 다수의 이해관계자가 개입하는 것이 일반적으로, 통합도산법[103]〈채무자 회생 및 파산에 관한 법률〉의 대부분은 이러한 '일반회생'과 관련된 법규라 해도 지나치지 않을 것이다.

한편, 채무총액이 담보부채무 기준 10억 원(무담보채무 5억 원)을 초과하는 경우에는 법인이 아닌 '개인'도 일반회생(회단사건) 절차를 이용해야 하는 점은 알아 두는 것이 좋겠다.

■ 개인회생의 개념

개인회생도 「채무자 회생 및 파산에 관한 법률」에 근거를 두고 있는 제도로, 개인(급여소득자, 사업소득자)으로서 일반회생의 대상이 아닌 자를 대상으로 적용된다. 개인회생의 경우 보통의 변제 기간은 5년 이내로 정해지는데, 그 기간 동안에는 생계에 꼭 필요하다고 인정되는 비용을 제외한 나머지의 수입은 채무의 변제에 사용하여야 하고, 해당 채무의 변제를 성실히 수행하는 경우에는 나머지 빚을 탕감해 주는 로직이다. 즉, 변제할 '의지'와 '능력'이 있는 채무자를 대상으로 법원이 강제로 채무를 조정(채권자 등 이해관계인의 법률관계 조정을 통해)해 파산을 면할 수 있도록 도와주는 제도라 할 수 있다.

한편, 개인 회생절차에서의 변제계획 인가 자체에는 권리변경의 효

---

103) 기존에는 회생 또는 파산 관련 사항이, 「파산법」, 「회사정리법」, 「화의법」, 「개인 채무자회생법」 등에 흩어져 있어, 적용 대상의 혼선을 유발하는 한편 이원화에 따른 비효율 문제가 커진 바 있어, 이의 해소를 위해 「채무자 회생 및 파산에 관한 법률」(일명, '통합 도산법')이 제정 및 시행(2006. 4. 1.)된 바 있다.

력이 없어, 변제계획에 따라 변제를 완료한 후 '별도의 면책결정'에 의하여 책임을 면하게 되는 점이, 법인기업의 '회생계획 인가'와 차이라 할 수 있다.

[정리] 개인회생 제도

1 정기적 수입이 있는 급여소득자나 사업(영업)소득자가 2 일정 기간(통상 5년간) 성실히 변제 시 3 나머지 빚을 탕감해 줌으로써, 4 변제의지와 일정 채무변제능력이 있는 채무자를 대상으로 법원이 강제로 채무를 조정해 파산을 면할 수 있도록 도와주는 (통합도산법상) 제도이다.

파산절차(Bankruptcy)

'회생절차'와 대비되는 개념으로 '파산절차'는 채무자에게 (파산의 원인이 있을 경우) 파산선고를 한 후 채권조사를 통해 채권자의 권리를 확정(confirmation)한 다음, 채무자의 재산을 환가(conversion)하여 권리의 우선순위에 따라 환가된 금원을 채권액에 비례하여 분배(distribution)하는 과정이다. 이러한, 파산절차는 '파산선고'에 의하여 개시되고 '파산폐지결정' 또는 '파산종결결정'에 의하여 종료된다.

■ 파산절차의 목적과 분류

일반 기업이, 회생도 아닌 파산절차를 신청하는 이유는 무엇일까? 그것은, '파산선고'로 시작되고 '결정'을 통해 종결되는 법원의 개입을 통해, 잔여재산의 환가와 채권자 앞 분배과정에서 공평하고 공정한 배당을 도모하는 것이라 할 수 있다. 즉, 기업의 부실화로 인한 지급불능 단계에서 필연적으로 존재하는 각종 이해관계자 및 채권자로부터의 개별적 독촉이나 회수 규모와 관련한 다툼 소지를, 공신력 있는 기관의 개입을 통해 최소화하는 것이라 할 수 있다.

[정리] 일반적인 파산절차

이러한 파산절차도, 회생절차와 같이 크게 두 가지로 구분된다. 즉, 법인기업을 대상으로 하는 '법인파산'과 개인채무자를 대상으로 하는 '개인파산' 제도가 그것이다.

[정리] 파산절차의 구분

구분	대상	세부 요건	비고
법인파산	법인	주식회사, 유한회사 등 법인	
개인파산	개인	개인	소비자파산, 영업자파산

■ 개인파산 제도

개인파산 제도란, 개인이 자신의 재산으로 모든 채무[104]를 상환할 수 없는 상태에 놓인 경우, 채무를 공평 · 공정한 방식으로 정리할 목적으로 법원에 신청하는 제도이다. 이러한 개인파산은, 급여 소득자

---

104) 대상채무는 금융기관 대출, 사채, 신용카드 관련 채무, 물품대금 등을 망라한다.

등이 대상인 '소비자파산'과, 사업활동 관련 채무를 보유한 개인사업자 등을 대상으로 하는 '영업자파산'을 포함한다.

파산 선고를 받은 개인은, 특정 직업에 대한 취업제한 등 여러 신분상 제약을 감당해야 한다. 신원증명 업무를 관장하는 관공서에도 파산사실이 통지되고, 은행거래에서도 상당한 불이익이 불가피할 것이다. 따라서 종국적으로는 법원의 면책결정을 받아야만 은행거래와 관련한 신분상 불이익의 점진적인 해소가 가능해질 것이다.

[참고] '면책(immunity)'의 개념

'면책'이란, 파산을 통해 변제하지 못하고 남은 채무를 면제시켜 주는 제도로, 개인 파산 신청인의 최종 목표(면책을 받아야만 파산으로 받았던 신분상 불이익도 일정 부분 회복이 가능하게 됨)라 할 수 있다. 법원은 파산선고와 동시에 면책절차를 거치는데, 기존의 채권자에게 이러한 사실을 통지한 후 이의신청 절차를 거쳐 최종 선고가 이루어지게 된다.

법인회생(= 기업회생)의 개념과 프로세스

■ 기업회생 제도 개요

앞에서 살펴본 법률적 개념과 별개로, 기업의 '회생절차'는 유동성 부족에 따라 이자납부 및 채무상환 부담이 과중한 기업이, 미래 영업활동을 통해 창출 가능한 이익을 통해 법원에 의해 조정된 채무(채무면제, 상환유예 등으로 상환부담이 다소 경감된 채무)를 상환할 수 있도록 조정하여 '사업의 계속을 가능하게 지원하는 제도'로 정의할 수 있다.

이러한 기업회생 제도는 크게 ① 개시신청 ② 개시결정 ③ 채권조사 및 관계인집회(회생계획안 작성 및 제출) ④ 회생(계획) 인가 ⑤ 회생절차 종결의 절차로 이루어진다.

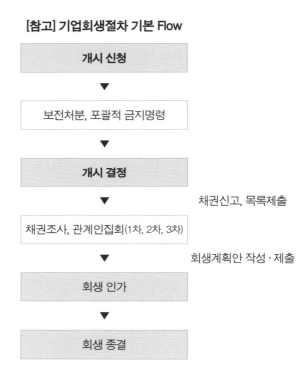

[참고] 기업회생절차 기본 Flow

기업회생절차의 각 단계별 핵심 내용은 다음과 같이 정리해 볼 수 있다.

단계 구분	단계별 핵심 내용
회생절차 개시신청	(회생절차는 채무자는 물론 채권자, 주주도 신청 가능) · 채무자 신청 : 변제기 도래 채무의 변제 불가 시 · 채권자, 주주 신청 : 채무자에게 지급불능 및 채무초과 등이 생길 우려 있는 경우
보전처분, 포괄적 금지명령	· 보전처분, 중지/취소 명령 : 채무자의 업무와 재산에 대한 보전처분 및 강제집행 중지/취소 명령 등 1차적 조치 · 포괄적 금지명령 : 중지명령만으로는 회생절차의 목적을 충분히 달성하지 못할 우려가 있는 경우
개시결정	· 개시결정 시, 업무수행권 및 재산관리처분권이 관리인에게 전속되고, 회생채권/회생담보권 변제가 금지됨
채권신고 및 채권조사	· 채권신고 및 채권목록 제출 · 조사 기간(계속기업가치와 청산가치의 조사 외) 부여
관계인집회 (1차)	· 1차 : 이해관계인 간 의견 조정·반영
회생계획안 제출	· 채권자와의 협상을 통해 회생계획안을 제출
관계인집회 (2, 3차)	· 2차 : 관리인 제출한 회생계획안의 심리 · 3차 : 회생계획안의 결의
회생계획 인가	· 인가결정 : 관계인집회에서 회생계획안 가결 시 · 인가결정의 효력 : 채권자 권리의 변경 회생채권자, 회생담보권자 등의 권리는 회생계획에 따라 변경 : 채무자는 회생계획 등에 의해 인정된 권리를 제외하고는, 회생채권과 회생담보권에 관하여 책임을 면함
회생절차 종결	회생절차 종결결정 또는 폐지결정의 확정에 의해 종료

◇ '개시결정'의 의미 : 회생절차의 '시작'일 뿐
　→ 회생계획의 '인가'까지 여러 난관이 존재

　채무자 또는 채권자에 의해 법인의 회생절차가 신청되고, 소정 절차를 거쳐 법원에 의한 회생절차 개시결정이 이루어지게 된다. 회생절차의 전체 프로세스에 있어 회생 개시결정은 매우 중요한 절차이나 회생절차의 진정한 시작에 불과하다. 즉, 개시결정 이후 조사위원의 조사를 거쳐 계속 기업가치가 사업 청산가치보다 크다고 인정하는 때에 한해, 사업의 계속(continuance)을 내용으로 하는 회생계획안의 제출명령이 내려지게 된다. 이후, 회생계획안이 채권자들로부터 가결요건 이상의 동의를 받은 후, 회생계획에 대한 '인가'된 후에야 회생계획에 따라 사업을 계속할 수 있다는 점이 명확해지는 것이다.

■ 기업회생 제도의 특징

기업회생절차는 다수의 이해관계자가 개입되는 제도로 권리의 행사와 관련한 여러 특이점을 보유한다. 이러한 권리 제약과 통제가 회생절차의 정상 이행 및 대상기업의 갱생을 위해 불가피한 요소임을 이해할 필요가 있다.

[정리] 기업회생 제도의 특징(권리행사의 관점)

항목	내용
① '관리인'의 권한 중시	· 업무수행권 및 재산관리 · 처분권은 법원이 선임한 '관리인'에 존속
② 담보권자의 의무	· 담보권자도 회생절차 규제 준수 의무
③ 공익채권의 우선권	· 공익채권은, 회생채권 및 회생담보권에 우선 변제
④ 임의변제의 금지	· 회생절차에 의하지 않는 회생채권 변제는 제한
⑤ 상계의 제약	· 상계는 채권신고 기간 만료 전에만 가능
⑥ 신규대출의 제약	· 신규대출(공익채권) 지원도, 법원의 차입허가 및 담보 제공 허가를 통해 가능

[참고] 기업회생 제도 내 '채권'의 종류와 구분

구분	회생채권	회생담보권	공익채권
의의	개시 전의 원인으로 생긴 청구권 (담보가 없는 경우)	개시 전의 원인으로 생긴 청구권 (담보가 있는 경우)	개시 후의 원인으로 생긴 채권. 개시전의 임금채권, 조세, 체당금
변제	회생절차에 의하여만 변제 (예외 : 법원의 허가)		수시변제(실무상, 회생계획 인가 전에는 법원 허가) ☞ 회생채권, 회생담보권보다 우선
변경 (감면)	회생계획에 의해 권리변경 가능		불변
의결권	2/3 이상 동의	3/4 이상(일부 항목 4/5 이상) 동의	없음

회생 관련 금융기관 실무

여신거래 중인 기업이 회생절차 개시신청을 하는 경우, 금융기관 담당자는 다소간의 충격과 업무적 혼선을 경험할 것이다. 회생절차는 도대체 무엇이고, 확보해 둔 담보권의 정상 실행은 가능한지, 회생절차가 인가되거나 그렇지 못하는 경우 회수금액의 차이가 얼마나 존재하는 것인지. 이 중에서 가장 처음으로 부딪히는 고민은, 채권자로서 보유한 대출과 예치된 예금 간 상계에 대한 방향성일 것이다.

■ 채권자 상계 : 채권신고 기간까지 가능

회생절차의 개시 결정이 있더라도, 회생채권자 및 회생담보권자는 회생절차의 개시 당시 채무자에 대해 채무를 부담하는 경우 '채권신고 기간'까지는 상계가 가능하다. 즉, 채권과 채무가 상계적상(자동채권 변제기와 수동채권[105] 변제기가 신고 기간 만료 전에 도래 시)에 있을 때에는 회생절차에 의하지 않고 상계를 할 수 있다(법 제144조). 다만, 상계의 실무에 있어 다음과 같이 유의해야 할 사항이 존재한다.

채권자(금융기관)의 상계 시 유의사항
① 상계통지의 상대방은 '관리인'이다.
② 통지가 도달하여야만 유효하므로, 우편 배송 기간을 고려하여 통지한다.
③ 상계 가능 기간 준수 : 채권신고 기간 이후에는 상계가 허용되지 않는다.

◇ 파산절차에서의 상계 : 상계 기간 제약 없음

채무자에 대해 파산절차가 개시되면 파산채권은 파산절차에 의하지 않고는 이를 행사할 수 없다(법 제424조). 그럼에도, 파산채권자가 파산선고 당시 채무자에 대해 채무를 부담하고 있는 경우 파산절차에 의하지 않고 상계를 할 수 있다(법 제416조). 즉, 상계에 의하여 채권자는 자신이 보유한 자동채권을 수동채권의 한도에서 실질적으로 회수할 수 있는 것이다. 또한, 회생절차와는 달리 상계권을 행사하는 시기에 관하여는 법률상 별도의 제한이 없다.

■ 연대보증인 : 연대보증인 또는 담보제공자로부터의 회수 실무

회생계획의 효력은 제3자에 미치지 않으므로, 연대보증인은 회생계획에 따른 주채무의 감면, 기한연장과 관계없이 기존 보증계약에

---

105) 상계권 행사자가 보유한 채권(대출)이 '자동채권'이고, 상대방의 채권(예금 등)을 '수동채권'이라 한다.

따른 이행의 의무를 부담한다. 따라서 연대보증인의 재산에 대한 강제집행을 추진할 수 있다. 다만, 회생절차 진입 시 경영실권자 등의 신용도에 문제가 동반되는 경우가 다수이므로, 사후관리의 실익은 크지 않을 수 있다. 한편, 제3자인 담보제공자의 경우에도 업무제한 보전처분과 무관하므로, (제3자에 대한) 경매개시 등 강제집행에는 문제가 없는 것이다.

회생절차와 연대보증인 관계(근거 : 법 제250조②)

[제250조(회생계획의 효력범위)②항] 회생계획은 다음 각 호의 권리 또는 담보에 영향을 미치지 아니한다.

◇ 회생채권자 또는 회생담보권자가 회생절차가 개시된 채무자의 보증인 그 밖에 회생절차가 개시된 채무자와 함께 채무를 부담하는 자에 대하여 가지는 권리

◇ 채무자 외의 자가 회생채권자 또는 회생담보권자를 위하여 제공한 담보

■ 강제집행 등의 중지 · 취소 명령

회사의 재산에 대해 가압류, 임의경매 등이 진행 중인 경우 해당 강제집행을 지속할 수 있는지가 문제될 것이다. 이와 관련하여서는, 법률(채무자회생및파산에관한법률 제44조)에서 회생절차개시의 신청이 있는 경우 필요하다고 법원이 인정 시 이해관계인의 신청 또는 직권으로 회생절차 개시결정시까지 강제집행, 소송절차 등의 중지를 명할 수 있도록 명시하는 한편, 이미 진행되고 있는 경매절차의 경우 (채권자 등의 부당한 손해를 막기 위해) 일부 예외조항을 두고 있다.

강제집행 등의 중지를 명할 수 있는 절차(근거 : 법 제44조①항)

◇ 채무자에 대한 파산신청
◇ 회생채권 또는 회생담보권에 기한 강제집행, 가압류, 가처분, 담보권 실행을 위한 경매절차로서 채무자의 재산에 대하여 이미 행하여지고 있는 것(단, 그 절차의 신청인인 회생채권자 또는 회생담보권자에게 부당한 손해를 끼칠 염려가 있는 때에는 예외를 허용)
◇ 채무자의 재산에 관한 소송절차
◇ 채무자의 재산에 관하여 행정청에 계속되어 있는 절차

■ 포괄적 금지명령

개별적 중지명령(법 제44조)에 의해 강제집행이 중지 · 취소될 수 있으나, 이러한 절차로서 회생절차의 목적을 달성할 수 없을 경우 모든 회생채권자 및 담보권자에 대한 '포괄적 금지명령(법 45조)'을 통해 기존 강제집행을 (전면) 중지하는 등의 조치가 진행될 수도 있다. 이는, 가압류나 경매 등 강제집행을 새로 진행할 수 없고, 기존에 진행하고 있는 강제집행도 중지되는 등 회사 재산에 대한 매우 강력한 보전조치라 할 수 있다.

강제집행 등에 대한 포괄적 금지명령(근거 : 법 제45조)

개별적인 중지명령으로 회생절차의 목적을 달성할 수 없을 경우 모든 회생채권자 및 담보권자에 대하여 회생채권 또는 회생 담보권에 기한 강제집행 등의 금지를 명할 수 있다. 이에 따라, 채무자의 재산에 강제집행 등을 새로이 할 수 없게 되고, 이미 행한 경우는 중지된다.

[IV-2] 워크아웃과 기타 구조조정 제도

회생 관련 제도 비교

■ 회생절차와 워크아웃

금융기관 거래기업이 신용악화 및 부실징후를 보여 갱생(경영정상화, rehabilitation)을 도모코자 하는 경우, 크게 두 가지의 법적 구제 제도를 검토해 볼 수 있다. 첫 번째는 「통합도산법」상 '회생절차'이고, 다른 하나는 「기업구조조정촉진법」에 의한 '워크아웃 제도'이다. 전자가 금융기관 및 일반상거래 채권자를 두루 아우르는 포괄적이고 강제적인 제도임에 반해, 워크아웃 제도는 채권금융기관이 중심이 된 자율협약에 의한 제도로 이해하면 될 것이다.

[정리] 회생절차와 워크아웃 제도 비교[106]

구분	회생절차	워크아웃 〈기업재무구조개선작업〉
관련 법령	◇ 채무자 회생 및 파산에 관한 법률(통합도산법)	◇ 기업구조조정촉진법
대상기업	◇ 법인 및 고액 채무의 개인	◇ 신용공여액 500억 원 이상
감독기관	◇ 관할법원	◇ 채권금융기관협의회
경영권 유지	◇ (통상) 계속 유지	◇ 채권은행 공동관리
출자전환 대상채권	◇ 금융기관 대출금 + 상거래채권	◇ 금융기관 대출금

---

106) 법정관리와 워크아웃을 합쳐 놓은 방식의 회생절차로, "P-Plan(Pre-Packaged Plan)"이라는 제도가 있다. 회생법원의 통제하에 강제적 출자전환과 채무 상환 유예를 도모할 수 있는 제도로, 워크아웃처럼 은행의 자금 수혈이 가능하다는 양면성을 보유한다. (근거 : 통합도산법 223조 사전계획안 제출제도)

■ 중소기업 워크아웃('채권은행협의회운영협약'에 의한 워크아웃)

금융기관 신용공여 합계액 5백억 원 이상의 대규모 기업을 대상으로 하는 '워크아웃'의 스핀오프(spin-off) 격으로, 규모가 상대적으로 작은 중소기업을 대상으로 경영정상화를 지원하는 '중소기업 워크아웃' 제도를 두고 있다. 본 제도하에서는 '채권은행협의회 운영협약'에 따라 채권은행 공동관리 또는 단독관리를 진행하게 되며, 이 중 '채권은행 공동관리'는 대출채권을 보유한 채권은행 간 자율협의회(채권은행 자율협의회)를 구성하여 공동으로 회생을 지원하는 방식으로, 통상 "기업개선계획의 이행을 위한 특별약정"을 대상기업과 체결하게 된다.

중소기업 워크아웃
◇ 금융기관 총 신용공여 500억 원 미만의 기업을 대상으로 채권은행이 '신용위험 평가'(및 '구조조정방안 협의')를 거쳐 부실징후기업으로 분류한 기업 중, 회생 가능성이 있는 기업을 대상으로 채권 재조정, 신규자금 등의 금융지원을 통해 경영정상화를 지원하는 제도이다.

채권은행협의회 운영협약[107]

워크아웃 제도하에서의 기업 경영권은 채권은행이 공동관리방식으로 행사하는 등, 구조조정과정에 다수의 은행이 관여하게 되는바 「채권은행 협의회」라는 채권은행 간 협의체를 통해 주요 의사결정을 수행하게 된다. 한편, 회생절차와 관련해서도 회생계획안의 작성 및

---

107) 금융채권자조정위원회 홈페이지(cracrv.co.kr)에서 기업구조조정 관련 주요 협약에 대해 조회할 수 있다.

제출과정에서 채권은행 자율협의회에서 의견을 조율하게 된다.

이러한 채권은행 협의회의 구성과 운영 기준은, '채권은행협의회운 영협약(채권은행협약)'을 통해 정하는데, 본 '채권은행협의회운영협약' 은 기업구조조정 방안에 대한 협의를 위한 채권은행협의회 설치·운 영 기준은 물론, 기업신용위험 상시평가[108]를 통한 부실징후기업 해당 여부 평가기준, 채권은행 자율협의회 구성기준 등을 포함한 채권은행 간 공동 협약으로, 2001년 6월 제정된 후, 수차례 개정을 통해 운영 중 이다.

[정리] '채권은행협의회 운영협약' 주요 기준

챕터	법률 조문
제2장 [채권은행 상설 협의회]	◇ **제3조(구성 및 회의소집)** ① 상설협의회는 전국은행연합회 회장 및 이 협약에 가입한 채권은행의 대표자로 구성한다. ② 상설협의회의 의장은 전국은행연합회 회장으로 한다. ◇ **제6조(의무)** ① 상설협의회는 협약을 운영함에 있어 공정성과 투명 성을 확보하여야 하며 채권은행의 자율적인 신용위험평가 및 기 업구조조정방안 등이 원활히 추진될 수 있도록 노력하여야 한다.
제3장 [기업 신용위험 상시평가]	◇ **제8조(기업 신용위험평가)** ① 채권은행은 거래기업에 대한 신용위험을 평가하여 부실징후기업 에 해당하는지 여부를 판단하여야 한다. ② 제①항에 따른 신용위험평가의 대상, 기본평가 및 세부평가 등은 「채권은행의 기업신용위험 상시평가 운영협약」(상시평가 운영협약) 을 준용한다.

---

108) [은행업감독업무시행세칙 제48조] 은행의 여신 심사 및 승인업무에 관한 내부 시스템에는 기업신용위험 상시평가를 통한 부실징후기업 해당 여부 판정 및 사 후조치가 포함되어야 한다.

제4장 [채권은행 자율 협의회]	◇ **제13조(구성 및 소집)** ① 당해 기업에 대한 신용위험평가 및 기업구조조정을 위한 채권은행 공동관리 등을 효율적으로 추진하고자 채권은행 간의 협의를 위한 자율협의회를 두며, 자율협의회는 당해 기업에 대하여 채권을 보유하고 있는 채권은행으로 구성한다. ◇ **제14조(업무)** ① 자율협의회는 다음 사항을 심의·의결한다. 　1. 기업 신용위험평가 및 기업구조조정방안 등에 관한 사항 　2. 채권은행 공동관리절차의 개시 및 지속 여부 결정 　3. 채권행사 유예 기간의 결정 및 연장 　4. 경영정상화계획의 이행을 위한 특별약정의 체결 　5. 회생계획안의 작성 및 제출 　6. 특별약정의 이행실적 등에 대한 점검·평가 및 조치 　7. 채무조정 또는 신규자금 지원 계획의 수립 　8. 채권은행 공동관리절차의 중단 또는 종결에 관한 사항
제5장 [부실징후 기업]	◇ **제16조(부실징후기업의 관리)** ① 채권은행은 신용위험평가 결과 부실징후기업으로 분류한 기업에 대하여 경영정상화 가능성이 있다고 판단하는 경우에는 지체 없이 다음 각 호의 어느 하나에 해당하는 관리절차에 들어가거나 절차에 들어갈 수 있도록 법원에 신청하거나 당해기업에 신청을 요구하는 등의 조치를 하여야 한다. 　1. 주채권은행에 의한 채권은행 공동관리 　2. 개별 채권은행에 의한 채권은행 사전공동관리 　3. 개별채권은행에 의한 채권은행 단독관리 (주채권은행이 총채권액의 75% 이상 보유 또는 총채권액 30억 원 미만 시) 　4.「채무자회생 및 파산에 관한 법률」에 따른 회생절차

* 출처 : cracrv.co.kr

■ 기업신용위험평가

　'기업신용위험평가'는 잠재적 부실징후기업 등을 대상으로, (일반 신용평가절차와 별도로) 기업신용위험평가를 수행하고 평가결과에 따른 후속조치를 통해 금융기관의 여신 건전성을 유지코자 하는 제도로, 「채권은행의 기업신용위험 상시평가 운영협약」에 따라 각 금융기관이 평가 대상기업의 선정 및 기본평가와 세부평가를 수행하게 된다.

[정리] 평가 대상과 평가 시기

구분	선정기준	기준일	기본평가
신용공여 500억 원 이상	◇ 상시평가운영협약에서 정한 신용공여 합계액 500억 원 이상	2월 말	4월 말
해당 은행 총신용공여 50억 원 이상	◇ 3년 연속 이자보상배율 1 미만 ◇ 3년 연속 영업활동현금흐름(-) ◇ 신용등급 일정등급 이하 등	5월 말	7월 말
해당 은행 총신용공여 30억 원 이상	◇ 조기경보 '경보'업체 ◇ 30일 내 연체발생 ◇ 2년 연속 매출 20% 감소 외	각 분기 말	각 분기 익익월 말

'기본평가'는 상기 선정기준 등 일정요건 해당 기업에 대하여 기업 신용위험기본평가표(공통양식)를 작성하여 평가하며, 동 기본평가 결과를 토대로 부실징후기업에 해당될 가능성이 있다고 판단되는 기업을 대상으로 '세부평가'를 진행한다. 각 금융기관은 잠재 부실기업으로 선정한 기업에 대해 신용위험평가위원회를 설치하고, 해당 위원회에서는 세부평가 실시결과를 토대로 세부평가 대상기업을 4개의 등급으로 분류하고 조치한다.

[참고] 분류등급별 개념과 조치방향

등급	개념	조치방향
A 등급	◇ 정상 영업 가능 기업	◇ 소요자금 범위 내 여신 지원
B 등급	◇ 부실징후기업이 될 가능성이 큰 기업	◇ 경영개선 권고 및 이행실적 분기별 반영 외
C 등급	◇ 부실징후기업에 해당하나, 경영정상화 가능성 높은 기업	◇ (주채권은행) 근본 회생방안 강구 및 여신거래특별약정체결
D 등급	◇ 부실징후기업에 해당하며, 경영정상화 가능성 낮은 기업	◇ 청산 등 투명한 절차에 따라 조기 정리

가족 돌봄 여성에게 도움이 되었으면 하는 작은 바람

3부

채무자의 눈으로 보기

Ch V

차주 입장에서의 대출(대출 잘 받기)

[V-1] 개인신용평점 관리와 서민대출

이 장은 융자를 받는 과정에서 어려움을 겪어 보았을 개인[109]이 신용평점을 관리하고 관련 융자를 받는 과정에서의 시행착오를 최소화할 목적으로 정리하였다. 대출을 필요로 하는 금융소비자의 시각에서 그들의 판단에 도움을 주고자 하는 관점에서 기술하였으나, 한편으론 금융기관 직원이 채무자의 관점에서 융자과정을 리뷰해 보고, 대출 관련 프로세스를 이해하고 공감하는 데 도움을 줄 수 있기를 함께 기대해 본다.

---

109) 사실, 양호한 직장과 양호한 소득을 가진 개인의 경우, 1금융권 은행을 포함하여 다양한 신용대출상품을 수혜할 기회가 많아, 크게 어렵지 않게 신용대출을 받을 수 있다. 따라서 사실상 신용평점 관리와 융자 컨설팅은 주로 중신용자의 관심 사항이 될 것으로 생각한다.

CB사 신용평점 산출로직

 대출을 잘 받는 방법이 있을까? 사실, 대출을 상대적으로 쉽게 받는 요령이 존재할 수는 있지만, 체계화되고 검증된 기술이나 방법이 존재하는 것은 아니다. 다만, 워낙 다양한 금융기관이 존재하고 무수한 대출상품이 출시되어 있기에, 범람하는 정보 중 개인이나 사업자의 상황에 맞는 대출상품을 고르는 과정에서는 나름 정교한 정보의 선별력이 요구되는 것이다. 때로는, 은행 등 금융기관 재직자를 통해 상담을 요청하거나 좋은 조건의 대출 알선을 부탁하기도 하는데, 원하는 수준의 만족스런 금리와 대출한도를 받아내기가 여간 어려운 일이 아니다.

■ 개인신용대출 잘 받기 : 4대 요인(C-I-J-A)

 어림잡아 수백을 상회하는 시중의 대출상품 중 본인에게 맞는 대출을 찾기 위해서는 가장 먼저 자신의 '직업(Job)'과 '소득 수준(Income)', 보유한 '재산(Asset)' 정보와 함께, 관리해 온 스스로의 '신용(Credit) 수준' 정보를 정확히 알고 있어야 한다. 왜냐하면, 대부분의 금융기관은 예외 없이 개인의 직업과 소득 및 그의 보유 자산과 신용평점을 결합하여 대출 가능 여부와 지원 가능 금액을 결정하기 때문이다.

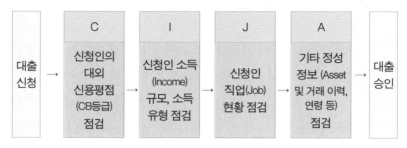

[신용대출 신청/승인 시 금융기관의 고려사항 : C-I-J-A(사이자)]

한편, 본인의 직업(J)과 연동되는 소득수준(I) 및 보유 자산(A)의 규모는 신청인 스스로가 잘 알고 있는 영역이기에, 실제의 관건은 개인별로 미리 부여되어 있을 CB사의 '신용평점'과 이를 이용하여 산출되는 신청 금융기관의 'CSS 기반 신용등급'인 것이다.

■ 신용평점 산출로직

앞선 장에서 간단히 살펴본 바 있으나, 대표적인 양대 CB(Credit Bureau)사의 개인신용평점은 각 개인에 대한 각종 신용 관련 정보를 활용하여 향후 1년 내 장기연체 등 신용위험이 발생할 가능성을 수치화[110]한 지표라 할 수 있다. 각 금융기관은 이러한 CB사 신용평점을 활용하되, 고객이 상담과정에서 제공한 '상담 정보'와 금융회사별 자체 보유하고 있는 '내부거래 정보'를 결합한 자체 CSS(Credit Scoring System)을 돌려 금융기관별 내부 신용등급을 산출하게 된다. 이에, 금융기관이 공통으로 활용하는 필수 정보로서의 CB사 신용평점 산출로직을 이해하

---

110) 이론적 측면에서의 개인신용평점은, 향후 1년 내 장기연체(90일 이상) 등 신용위험이 발생할 가능성을 수치화한 지표라고 알려진다.

는 것은, 본인 스스로의 신용평점을 주도적으로 관리할 수 있도록 하여 금융기관으로부터의 신용대출 융자를 매끄럽게 이뤄내는 데 있어 결정적인 도움이 될 것이다.

[정리] 개인신용평점 산출로직

평가 요소	내용°	평점 산정 시 활용하는 세부 정보의 예시 (일부 정보는 가/감점으로 반영)	적용 비중[111] (2021년 말 기준, 일반고객 기준 평균치)
상환 이력 정보	신용도 판단 정보, 채무불이행 정보 등	◇ 장기연체(3월 이상 연체) 정보 ◇ 단기연체(5영업일, 10만 원 이상) 정보 ◇ 연체해소(▲) 및 해소 후 일수(▲) ◇ 연체발생(▼) 및 연체지속(▼)	약 26% 내외
부채 수준	채무 부담 수준 (대출, 카드 및 보증 채무)	◇ 고위험대출, 보증채무 발생(▼) ◇ 대출 상환(▲) ◇ 신용카드잔액 증가(▼) ◇ 단기카드대출잔액 증가(▼)	약 25% 내외
신용 거래 기간	대출, 카드 거래 기간	◇ 신용거래(대출, 카드) 기간 : 신용거래 기간 길수록 가점	약 11% 내외
신용 거래 형태	대출의 형태 및 카드 이용 형태	◇ 신용카드 정상 사용(▲) ◇ 현금서비스 과다 사용(▼) ◇ 중/고위험대출 발생(▼) ◇ 체크카드 지속 사용(▲) 등	약 34% 내외
비금융 정보	기타자료(소득자료 및 공과금 관련 자료) 등 활용	◇ 소득금액증명 제출(▲) ◇ 비금융정보(통신요금, 건강보험료 등) 성실 납부실적(▲) ◇ 비금융정보 등록 및 경과 기간(▲)	약 4% 내외 (일부 CB사는 가점 요인으로만 활용)

* 출처 : NICE평가정보 신용등급 체계 공시, KCB(All Credit 주요평가부문)

---

111) 2021년 말 기준 양대 CB사의 홈페이지 공시자료를 참고하였다(항목별 비중은 평가요소별 적용비중의 단순 평균치로 표기). 항목별 세부내역과 정확한 비중값은 각사 홈페이지를 통해 최근 정보를 확인해 볼 것을 권장한다.

대표 CB사의 신용평점 로직은 일부 항목별 산입 비중이 달라지기도 하고, 유사 항목을 반영하는 세부방식에서 차이가 발생하기도 한다. 그러나 큰 틀에서 보면 꽤 유사한 구조로 신용평점 산출이 이루어지고 있음을 알 수 있다. 그럼에도, 각 개인이 자신의 신용평점을 정확히 예측하기는 쉽지 않고, 산출된 평점의 적정성에 대해 따지는 것도 의미가 없다고 볼 수 있다. 이는 각 신용평가회사 고유의 로직으로 산출된 정보를 공유하되, 그 강제성을 부여하는 것도 아니기 때문이다.

■ CB정보의 생성과 트렌드

각 CB사의 항목별 반영로직은 계속 바뀌고 진화한다. 그 변화의 방향성은, 수많은 알고리즘과 시행착오를 거쳐 각 개인별 신용도를 점차 정확히 측정해 내는 '정밀도'를 확보해가는 것이라 할 수 있다. 한편으로는 비금융정보의 활용비중은 지속 확대되고 있는 것으로 미루어 개인의 일상생활 속에서의 비금융 영역에서의 신용행태가 본인의 신용도에 큰 영향을 줄 수 있음을 꼭 이해하여야 한다. 즉, 과거에는 미처 집계할 수 없었던 다양한 비정형 데이터의 수집·가공기술이 발달하고 CB 산출로직이 더 정교해질수록 일상생활에서의 정제된 습관과 신용관리 노력이 더 중요해지는 시대인 것이다.

한편, 신용정보회사의 CB정보 중 핵심 구성항목인 '신용도판단정보'와 '부채 수준'과 관련한 기본 DB는, 통상 각 금융기관별로 실제 대출 취급 거래 이력 관련 정보를 한국신용정보원에 정기적으로 집중한 후 CB사를 거쳐 다시 각 금융기관과 함께 공유하게 된다. 따라서 실제 거래 고객에 대한 금융기관의 대출운용 정보 및 부채 관련 정보와 신용정보회사의 CB정보는 한 방향 정보라기보다는, 지속적으로 주고 받으며 보완되는 상호 유기적 관계로 이해해야 한다.

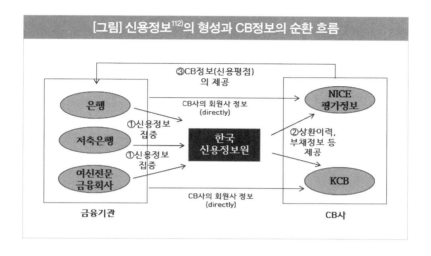

[그림] 신용정보[112]의 형성과 CB정보의 순환 흐름

중금리대출과 서민대출

안정적 직장과 양호한 신용도를 보유한 개인을 상대로 하는 대출 시장은 오랫동안 금융기관 간 치열한 경쟁이 존재하는 블루오션으로 인식되어 왔다. 특히 1금융권인 은행과 인터넷은행은 주거래 고객 확보 경쟁 속에서 적극적 한도부여 및 경쟁력 있는 금리제공을 통해 매우 경쟁적으로 참여하는 시장이다. 반면, 중·저신용자에 대한 대출

---

112) 한국신용정보원에 제공하는 신용정보는 식별정보(이름, 주소, 연락처 등), 신용 도판단정보(연체정보 등), 신용거래정보(대출, 보증, 신용카드 등) 등으로 구성된 다. 개인이 금융기관과의 여신거래 시 제출하는 '개인(신용)정보 조회 동의서'를 통해 사전 동의된 사실에 근거하여 제공되는 것이다.

은 주로 2금융권[113] 또는 P2P사[114]를 통해 1차적으로 커버되고, 그렇지 못한 개인은 대부업자 또는 사금융에 의존해야 하는 것이 현실이다. 이러한 대출시장의 양극화 문제를 해소하기 위해 금융 당국은 전략적 서민대출의 확대 및 중금리대출의 활성화를 주요 정책 모토 중 하나로 선정하여 지속적으로 추진 · 관리해 오고 있다.

■ 중금리대출

중금리대출(Middle-Interest Rate Loan)은 상대적 저금리인 시중은행의 일반 신용대출을 이용하는 고신용자와 저축은행 · 대부업체의 고금리대출을 사용하는 중 · 저신용자 사이의 중간 신용도의 개인을 대상으로 하는 신용대출을 칭하며, 1금융권 은행은 물론 많은 2금융권 금융기관에서 다양한 이름의 중금리대출상품을 판매하고 있다.

◇ 사잇돌대출(1금융권 공통의 중금리대출)

금융위원회는 고신용자 용 저금리대출과 중 · 저신용자 대상 고금리대출 간 '금리 단층' 문제를 해소하고자, 시중은행을 통해 '사잇돌대출'[115]을 출시(2016. 7월)하였다. 이러한 중금리대출상품을 통해 서민들의 금융 접근성을 높이고, 금리경감을 통한 금융비용 부담을 완화하

---

113) 그 범주가 종종 애매하지만 통상 2금융권에는, 저축은행(상호저축은행), 여신전문금융회사(신용카드사, 캐피탈사), 새마을금고, 신협, 상호금융(조합형태로서의 농, 수, 축협 등) 등을 포괄한다.
114) 관련 법규의 개정 및 제도화로, '온라인투자연계금융업자'라 불리운다.
115) 저축은행이 참여하는 '사잇돌2대출'은 은행권 대출 탈락자 및 2금융권 고금리대출 이용자 등을 대상으로 하며, 상환방식과 대출한도는 1금융권 사잇돌대출과 동일하게 운영되고 있다.

는 것을 정책목표로 한 것이다.

사잇돌대출
연 소득 1천 5백만 원 이상의 근로소득자, (연 소득) 1천만 원 이상의 사업소득자 또는 사회초년생 등 일정 상환능력은 있지만 1금융권 신용대출을 수혜하기 어려운 신용등급 구간 해당자에게 최대 2천만 원 한도 내에서 신용대출[116]을 지원하고, 최장 5년간 분할상환방식으로 변제하는 상품

◇ 일반 중금리대출

대부분의 금융기관은 다양한 중금리대출상품을 공격적으로 출시·운용 중이다. 금융기관의 입장에서 일반 중금리대출은, 상품 자체에 내재하는 근원적 맹점(경기 하락 시 연체율이 높아져 부실채권이 증가할 우려)이 존재하지만, 거래 고객수의 확대 및 장기 고객확보의 측면에서 전략적으로 활용하는 대출상품이라 할 수 있다. 반면, 고객(금융소비자)의 입장에서는, 너무 많은 금융기관이 경쟁적으로 출시 중이고 그 취급한도와 금리조건 등에서 상당한 차이가 존재하는바, 본인의 직업 및 소득, 자산현황에 가장 적합하고, 경쟁력 있는 금리로 거래 가능한 중금리대출상품을 선별하는 혜안이 요구되는 영역이라 하겠다.

■ 서민대출

대표적인 소액대출로서 서민층을 대상으로 하는 공통상품으로는 '새희망홀씨대출'과 '햇살론'이 있다. 이중 새희망홀씨대출이 상대적인 저금리 상품이므로 새희망홀씨대출의 수혜자격과 한도를 먼저 확인해 보는 것이 유리한 수순이나, 2금융권 대출을 다수 보유하는 등

---

116)   보통 '서울신용보증(SGI)'의 신용보증을 통해 취급된다.

신용도가 보통 이하인 고객의 경우 새희망홀씨대출의 수혜가 어려울 수 있음을 미리 감안해야 한다. 이러한 새희망홀씨대출의 경우 은행의 입장에서는 다른 보증기관의 보증 없이 순수 신용으로 취급하기에는 상당한 부담을 안고 있음에도, 사회적 책임을 분담하는 차원에서 취급하는 정책상품으로 이해해야 한다.

[정리] 대표 서민대출상품 비교

구분	새희망홀씨대출	햇살론[117]	
		근로자햇살론	햇살론15
상품 설명	(저소득 또는 저신용으로 은행에서 대출 받기 어려운 계층을 대상으로) 별도의 심사 기준을 적용하는 은행권 대표 서민대출상품	대부업 등에서 고금리를 부담하는 저소득[118] · 저신용[119] 서민을 대상으로 하는, 서민대출 공동브랜드	
		재직 3개월 이상 근로 중인 자	근로자, 자영업자 외
취급 기관	1금융권	2금융권(저축은행, 새마을금고 등)[120]	대부분의 1금융권 은행
한도	3천만 원	1.5천만 원	7백만 원
보증 기관	없음	서민금융진흥원	서민금융진흥원
대출 대상	연소득 3.5천만 원 이하 (신용등급 하위 20%이면서 연소득 4.5천만 원 이하)의 직장인 또는 자영업자	연소득 3.5천만 원 이하 (신용등급 하위 20% 겸 4.5천만 원 이하)의 근로자 및 자영업자 · 농림어업인	

* 2021. 7월부터 법정최고금리가 24%에서 20%로 인하되었다.
* 햇살론은 서민금융진흥원 홈페이지를 통해 대출 취급 여부 확인 가능.

---

117) '햇살론'은 고객의 직업, 소득, 상태에 따라 '근로자햇살론', '햇살론15', '햇살론유스' 등 다양한 종류가 존재한다.
118) 연소득 3,500만 원 이하인 자.
119) 개인신용평점이 하위 20% 이내이면서, 연소득 4,500만 원 이하인 자.
120) 햇살론15는 4대보험에 가입된 직장인으로 신용도가 낮은 고객이 주 대상이다.

[V-2] 사업자대출 받기

사업자등록증을 보유한 개인의 경우, 순수 개인으로서의 개인대출 (가계대출)과 사업자로서의 기업대출을 선택적으로 수혜하게 된다. 개인대출과 달리 사업자대출은 일률적 금융 규제로부터 자유롭기는 하지만, 금융기관에서 대출을 승인하는 로직은 조금 더 복잡하다고 보면 될 것이다. 이는, '직장'과 '급여소득'이라는 꽤 객관적이고 정형화된 데이터 수집과정에 비해, 업종별로 존재하는 '사업위험' 및 그로 인한 불확실성과, 조금 덜 정확한 형태로 공유되는 '사업소득' 관련 데이터의 수집과 가공과정에서의 투명성의 차이에 기인한다는 것이 필자의 생각이다.

대출 잘 받기(사업자대출)

사업자대출의 기본 로직을 이해하고 사업자가 기업대출을 조금 더 손쉽게 받을 수 있는 방법에 대해 알아보고자 한다. 대출이 필요한 사업자는 물론, 대출 관련 영업과 프로세스에 관심이 있는 금융기관 임직원의 입장에서도 이러한 실무적 절차를 이해하는 것은 도움이 되리라 생각한다.

■ 사업자대출의 일반적인 프로세스

대부분의 자영업자는 사업의 영위에 있어, 늘 자금융통의 필요성을 느낄 수밖에 없다. 그것은 실제 운영자금이 늘 부족한 사업의 절박

함이 주원인이기도 하지만, 대출금의 활용을 통해 사업경비를 줄이는 한편 저리의 정책자금을 활용하거나, 재무적 레버리지를 활용하여 조기 사업 확장 및 안정화를 기대할 수 있는 긴요한 수단이기 때문이다.

일반적인 사업자가 금융기관의 대출을 받고자 하는 경우, 일반적인 프로세스는 다음의 도표로 설명될 수 있다.

☞ 사업자대출은 크게, ① 사업자 자체의 신용 또는 (별도의) 담보 제공으로 은행에 직접 대출을 요청하는 방식과, ② 보증기관(신보, 지역신보, 기보 등)의 신용보증을 활용하는 방식으로 구성된다.

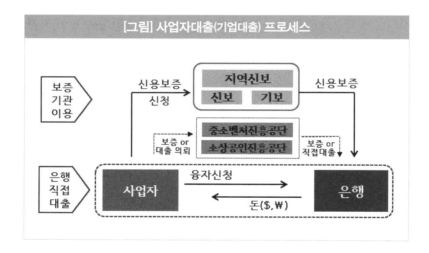

[그림] 사업자대출(기업대출) 프로세스

■ 대출 받기 두 가지 루트

◇ 은행으로 직접 가기(사업자 신용도 또는 담보의 활용)

많은 금융산업 종사자들은 공감하겠지만, 은행이 사업자대출을 진행함에 있어 사업자가 금융기관의 영업점 창구로 직접 찾아와서 상담을 하는 경우보다는, 금융기관의 책임자나 지점장이 직접 회사를 찾아가서 대출지원을 제안하는 것이 더 높은 승인 가능성을 보장할 것이다. 특히, 담보 없이 신용대출 거래를 추진하고자 하는 사업자의 경우에는, 사업자 개인이 가지고 있는 금융기관 네트워크를 활용하여, 조금이라도 거래 이력이 있거나 자신의 사업에 대한 이해도가 있는 금융기관을 찾아 상담을 받는 것을 훨씬 편하게 느끼는 것이다. 이는, 사업자가 축적한 신용도를 새로운 금융기관 앞으로 입증하기 쉽지 않은 측면이 있는 반면, 기존 네트워크나 거래 이력을 활용할 경우 신용거래 등을 유도하기가 상대적으로 용이해지는 측면이 존재하기 때문일 것이다.

◇ 보증기관 이용하기(신용보증 제도의 활용)

개인이 처음으로 사업을 시작하는 경우로, 사업자 또는 대표자가 보유한 자산이 충분하지 않은 때에는, 보증기관을 찾아 신용보증서 발급을 통해 상대적으로 쉽게 은행대출을 이용할 여지를 찾을 수 있다. 특히, 창업기업이나 영세한 규모의 사업자는 은행과의 초기 신용거래가 쉽지 않은 반면, 신용보증재단 등의 각종 지원정책에 따라 일정금액 범위 내에서의 특례보증을 통해 금융기관 대출을 쉽게 이용할 기회가 더 존재하는 것이다. 이러한 신용보증 제도와 취급기관에 대해 다음 장에서 조금 더 자세하게 살펴보자.

신용보증 제도의 개념과 종류

　신용보증 제도는, 물적 담보력이 미약한 소상공인 또는 중소기업에 대해 사업성과 성장 잠재력 등을 종합적으로 평가하여 신용보증기관의 채무보증을 통해 (사업자가) 금융기관으로부터 원활하게 자금을 조달할 수 있도록 지원하는 제도이다. 신용보증을 제공하는 기관이 다양하게 존재하나, 과거와 달리 보증기관별 역할과 활용범주가 조금 더 명확해지고 있다. 따라서 각 보증기관별 성격이나 취급 상품에 대해서는 미리 이해하고 접근하는 것이 필요하다고 본다.

■ 보증기관의 종류와 역할

　보증기관 별 역할과 보증상품의 차이가 존재하지만, 사업자 입장에서는 기관별 세세한 차이와 역할을 이해하기 쉽지 않다. 실제로, 회사의 성장 단계별로 각 보증기관을 방문·상담하는 과정에서, 일정 시행착오를 통해 해당 기업의 상황에 맞는 보증상품을 찾게 되는 것이다. 다음의 주요 보증기관별 거래 범주와 속성에 대해 우선 살펴보자.

◇ '지역신용보증재단'과 '신용보증기금'

　소상공인이 사업 초기 및 성장기에 주로 이용하는 '지역신용보증재단(전국 지역별로 14개 존재)'과 일반 중소기업이 성장 단계에서 많이 찾게 되는 '신용보증기금'이 가장 대표적인 신용보증기관이라 할 수 있다.

	지역신용보증재단(지역신보)	신용보증기금(신보)
기관의 성격	◇ 「지역신용보증재단법」에 의하여 설립된 지역공공보증기관	◇ 「신용보증기금법」에 의한 특수법인
일반적 신용보증 대상	◇ 담보력이 부족한 지역 내 소기업·소상공인[121]의 채무(대출, 지급보증)를 보증	◇ 통상 중기업 규모 이상[122](농림수산업과 유흥음식업을 제외한 전업종을 망라한 법인기업 및 개인기업)
은행 최대 보증한도	◇ 동일 기업당 최대 8억 원[123] * 운영자금의 경우, 업종별로 매출액의 1/4~1/6 이내	◇ 동일 기업에 대한 신용보증한도는 원칙적으로 10억 원 이내

◇ 기술보증기금

기술보증기금(기술신보)은 신용보증기금과 유사한 성격의 공공보증기관으로, 2010년대 중반 이후 기술금융(TCB)이 활성화되면서 기술력을 보유한 기업(신기술사업 영위기업)에 대한 신용보증 업무와 더불어 기술보증, 기술신용평가 관련 자격시험 관리 등의 특화된 업무도 병행하고 있다.

---

121) '소상공인'은 광업, 제조업, 건설업 및 운수업의 경우 상시 근로자 수 10명 미만, 그 밖의 업종은 상시 근로자 수 5명 미만의 사업자를 말한다. (근거법규 : 소상공인 보호 및 지원에 관한 법률)

122) 신보 홈페이지에서는 개인기업 및 법인기업 등(대기업과 상장기업은 제한적 범위 내 취급)을 신용보증의 대상으로 (포괄) 기술하고 있다.

123) 소상공인의 보증한도는 통상 5천만 원 이하.

[참고] 기술보증기금의 신용보증 신청자격

신청자격 해당기업	◇ **'신기술사업'** 영위 중소기업(중소기업이 아니더라도 신기술사업을 영위하는 상시종업원 수가 1천 명 이하이면서 총자산 1천억 원 이하인 기업 포함)
신기술 사업의 범주	◇ 제품개발 및 공정개발을 위한 연구사업 ◇ 연구개발의 성과를 기업화, 제품화하는 사업 ◇ 기술도입 및 도입기술의 소화 개량사업 ◇ 다른 법령에서 규정된 기술개발사업 ◇ 생산성 향상, 품질 향상, 제조원가 절감, 에너지절약 등 현저한 경제적 성과를 올릴 수 있는 기술을 개발 또는 응용하여 기업화, 제품화하는 사업

◇ 한국무역보험공사(K-SURE)

수출 등 무역 관련 사업의 영위기업은 한국무역보험공사의 다양한 보험 제도를 활용할 수 있다. 한국무역보험공사(K-Sure)는 무역보험법에 따라 설립된 정부출연기관으로, 수출·수입 거래에 수반되는 각종 위험 중 통상의 보험으로는 구제될 수 없는 불측의 손실을 보상하는 수출보험 업무를 전담 운영하고 있다.

[참고] 무역보험공사 대표 (보험) 상품

구분	보험상품의 개념	종류 및 대표 상품	
수출 보험	◇ 수입자의 계약 파기, 파산, 대금 지급지연/거절에 의한 지급불능으로 인한 수출대금 미회수위험(신용위험)과 수입국의 전쟁/내란, 환거래 제한 등 수입국 관련 위험(비상위험)으로 수출자 또는 수출금융 제공 금융기관이 입게 되는 손실을 보상하는 보험	단기성 보험	* 단기수출보험(선적 후)[124]
		중장기 보험	* 중장기수출보험(선적 전)
		수출 신용 보증[125]	* 수출신용보증(선적 전) * 수출신용보증(선적 후)
수입 보험	◇ 철강, 시설재 등 국가경제에 중요한 자원이나 물품의 수입 시, 국내기업이 부담하는 선급금 미회수위험을 담보하거나 국내 기업에 대한 원활한 수입자금대출을 지원하는 제도(보험)	◇ 수입보험(수입자용) ◇ 수입보험(금융기관용) ◇ 수입보험(글로벌공급망)	
환변동 보험	◇ 수출/수입을 통해 외화를 획득/지급하는 과정에서 발생하는 환차손익을 제거(사전에 외화금액을 원화로 확정시킴으로써 환율변동에 따른 위험을 헤지)하는 보험	환위험 관리여건이 취약한 중소/중견기업의 손쉬운 환위험 헤지(hedge)를 지원	

* 출처 : 무역보험공사 홈페이지

[참고] 소상공인진흥공단 vs 중소벤처진흥공단

소상공인과 중소기업을 대상으로 각종 지원사업을 목표로 설립된 2개의 준정부기관이 존재한다. 각 공단 공히, 융자 대상 결정 후 직접 대출을 실행(직접대출 방식)하는 방식과, 은행 등을 대출을 지원(대리대출 방식)하는 방식을 병행한다.

---

124) 결제 기간 2년 이하의 수출계약 관련 손실을 대상으로 한다.

125) 수출기업이 수출물품을 제조, 가공하거나 조달하는 과정에서 외국환은행 등이 수출신용보증서를 담보로 대출 또는 지급보증을 실행함에 따라 수출기업이 은행에 대해 부담하게 되는 상환채무를 무역보험공사가 연대보증하는 제도.

구분	소상공인진흥공단	중소벤처진흥공단
설립 취지	◇ 소상공인 지원/육성과 전통시장·상점가 지원 및 상권활성화를 위해 설립된 준 정부기관	◇ 중소기업을 대상으로 자금·입지 지원, 정보화·판로개척, 교육, 벤처 창업투자 지원을 목적으로 설립된 준정부 기관
정책 자금	◇ [공통 지원자격] 「소상공인보호 및지원에관한법률」상 소상공인	◇ [융자 대상] 「중소기업기본법」에 따른 중소기업

보증기관의 이용절차('지역신용보증재단'을 중심으로)

지역신용보증재단(지역신보)은 주사업장(또는 본사)이 해당 지역 신용보증재단의 관할지역 내에 소재하는 '소기업·소상공인'을 중심으로 해당 기업이 금융기관으로부터 각종 자금을 대출 받을 때 이용하는 보증기관으로, 소규모의 자영업자, 신생기업이 사업 초기 또는 정착기에 기대어 활용할 수 중요한 신용보증기관이라 할 것이다.

■ 신용보증 제도의 이용절차

초기 사업자는 금융기관(은행)과 보증기관을 수차례 오가며 방문하는 번거로움을 겪는 경우가 흔하다. 이는, 은행과 보증기관 공히 각자의 정책에서 정해진 역할을 수행하는 과정에서 발생하는 문제이고, '돈 빌려주기'와 관련한 문제이기에, 신용보증 제도를 처음 이용하는 고객 입장에서는 일정 부분의 수고는 감수할 필요가 있다. 한편, 신용보증재단의 보증업무 절차는 각 기관별로 대동소이할 것이나, 지역 및 재단별 특성에 따라 세부 운용기준을 달리 할 수 있을 것이다.

[정리] 일반적인 신용보증절차

① 보증상담 및 접수	② 신용조사	③ 보증 심사 및 결정 통지	④ 약정 및 보증서 발급
◇ 인터넷 상담 또는 재단 직접 방문을 통한 보증상담	◇ '예비조사'와 '현장조사'를 통해 신용상태 점검 및 타당성 조사	◇ 내부 심사를 통해 보증가부 및 보증한도 결정 (통지)	◇ 신용보증 약정 및 보증서 발급

* 출처 : 서울신용보증재단, 경기신용보증재단 홈페이지
* 발급된 보증서를 담보로, 최종적으로 지정된 '은행[126]'에서 대출 신청.

① 보증상담 및 신청/접수

지역신용보증재단 앞 보증상담 및 신청은 인터넷으로도 가능하며, 보다 신속하게 보증서 발급 가능 여부를 타진하고 대략적인 한도를 파악할 목적이라면, 다음의 약식서류를 준비하여 보증재단에 직접 방문하여 보증상담을 진행할 수도 있다.

구분	준비서류
개인사업자	◇ 사업자등록증, 신분증 ◇ 전년도 재무제표, 부가세 과세표준증명원(금년도)
법인사업자	◇ 사업자등록증, 법인등기부등본, 대표이사 신분증 ◇ 최근 2개년 재무제표, 부가세 과세표준증명원(금년도)

② 신용조사

보증절차에서의 핵심 단계로, 신용조사는 자료를 기반으로 하는 '예비조사'와 '현장조사'로 구성된다. 신용조사 단계에서 대략적인 보증

---

126)   전자 신용보증서가 발급되는 경우, (보증기관과 은행 간 연결된 전산을 통해) 보증서의 발급내역과 (대출) 실행내역이 보증기관과 은행 사이에 전자적으로 공유된다.

서 발급 여부가 결정된다고 봐도 무방하다.

> ◇ **예비조사** : 신용조사 '자료'를 기준으로 신청기업의 기본 현황과 특성 파악 및 보
>   증 심사 사항 저촉 여부 등을 확인
> ◇ **현장조사** : 사업장 방문을 통해 사업체의 실존 여부, 영업현황, 대표자 등 경영진의
>   경영능력 점검과, 예비조사과정에서 (1차로 점검된) 중점 조사 항목 등을 직접 확인
>   *출처: 서울신용보증재단

③ 보증 심사

앞선 신용조사에 의해 확인한 내용을 중심으로 보증기관에서 내부
심사를 거쳐 보증 여부 및 보증한도가 결정된다. 보증 심사과정에서 살
펴보는 항목과 보증한도의 결정은 다음의 요약된 자료를 참고해 보자.

보증 심사 방법(*출처 : 서울신용보증재단)

◇ **심사기준**
보증 가능 여부는 다음의 기본 심사와 자금/재정 수치항목의 점검을 종합적으로 검
토하여 결정된다. 보증금액은 사업자의 '연간 매출액'을 기준으로 기본 신용도와 기
존 보증금액, 상환능력 등을 종합적으로 고려하여 산출된다.

> [기본 심사] 영업현황, 신용상태, 금융거래상황, 세금 체납 여부 등
> [자금수치(상환능력) 항목] 매출, 영업이익, 기타소득 및 채무현황 등
> [재정수치 항목] 자산(소유부동산, 금융자산 등) 및 부채현황 등

◇ **일반 심사 보증금액 산출기준**(예시)

구분	보증금액 산출기준[127]
제조업, 통신업 등	연간 매출액의 1/4 이내 & 최근 분기 매출액 이내
기타의 업종	연간 매출액의 1/6 이내 & 최근 2개 분기 매출액의 1/3 이내

---

127) 보증한도 산출 시 연간 매출액은 보통 세무서 신고매출액을 기준으로 한다. 실제
의 업종별 보증금액 산출기준은, 각 보증재단별 홈페이지를 통해 확인할 수 있다.

④ 보증서 발급

보증가부와 보증 가능 금액이 산출되면 신청인과 신용보증 약정을 체결한 후 보증서[128]가 발급된다. 발급된 보증서를 담보로 하여 협약 은행에 방문 및 대출약정 후 자금을 수령하게 된다.

■ 신용보증 제도 이용 시 알아 둘 사항

◇ 서류 준비 : 2부 이상을 미리 준비

금융기관별로 다양한 서류를 요청하므로, 금융기관 간 겹치는 서류가 많다. 즉, 신용보증재단에서 요구하는 서류 중 다수는 최종 대출 취급기관인 은행에서도 요구하는 서류이다. 따라서 중복되는 서류는 미리 2부 이상을 발급받아 두는 것이 좋겠다.

[정리] 신용보증 신청 시 필요서류

서류명	발급방법	서류가 필요한 이유
신용보증 신청서 원본 (재단 양식)	재단양식 (은행 날인 필요)	신용보증 신청근거
대표자 주민등록등본	주민센터 또는 온라인 발급	대표자 실체 확인 및 가족현황 등 확인
부가세과세표준증명	세무사 또는 온라인 (홈택스) 발급	신고 매출액 규모 및 분기별 추이 파악

---

128) 고객편의와 위조방지 등을 위해 채권기관(은행)과 연결된 전산을 이용한, '전자 보증서' 발급이 일반화되고 있다.

국세청 증빙서류	사업자등록 증명	세무사 또는 온라인 (홈택스) 발급	사업자 실체 및 성실납세 여부, 신고된 재무자료 파악
	납세증명서		
	표준재무 제표 증명		
금융거래확인서		거래 금융기관 발급	대출현황(금액, 만기), 연체이력, 담보현황 등 파악
사업장 임대차계약서(필요시)		회사 보유자료	임대 및 소유관계 확인, 사업장 일치 여부 등
거주지 임대차계약서(필요시)		대표자 보유자료	
법인 전용 서류	법인등기부등본	관할법원 또는 온라 인 발급	법인 실체, 대표자 및 임원현황 파악
	주주명부 사본	회사 내부자료	주주 및 지분관계 파악
	정관(= 회사의 내부 규칙)	회사 내부자료	정관상 목적, 제약사항 확인

◇ 보증 제한 대상

정책적 목표에 부응하여 설립된 보증기관이라 해서, 자료를 갖춘 모든 사업자가 보증서를 발급 받을 수 있는 것은 아니다. 각 보증기관 별로 여러 까다로운 항목이 포함된 보증금지 기준 및 보증 제한 기준을 운용하고 있다. 다음의 신용보증 제한 대상의 대표 사례를 미리 살펴보되, 신청 예정인 보증재단 홈페이지에서 해당 기관의 세부 신용보증 운용기준을 미리 확인하고 접근할 것을 권장한다.

[참고] 신용보증 제한 대상의 예(보증기관별로 다소 상이할 수 있음)

구분	내용	
보증금지 및 제한기업 의 예	◇ 휴업 중인 기업 ◇ 대출금 상습 연체 기업[129] 　(예) 10일 이상 지체 연체대출금 4회 이상 ◇ (기업 또는 대표자가) 한국신용정보원의 신용도판단정보대상자[130] 　또는 공공정보 보유기업[131] ◇ 지역신보, 신보, 기보의 보증사고 또는 대위변제 관계자 ◇ 지역신보, 신보, 기보의 보증금액 합계 8억 초과기업 ◇ 보증 제한업종[132] 영위기업	
기타 제한 대상	중복 보증 제한	◇ 다른 보증기관에 보증잔액이 있는 기업 ◇ 해당 재단에 보증잔액이 있는 경우, 추가(증액) 보증은 　최근 신규보증일 후 일정 기간 경과해야 가능
	신용 부실 징후 기업 (예)	◇ 최근 2금융기관 대출 수혜실적이 과도한 경우 ◇ 현금서비스 과다기업(이용기관 과다 또는 누적액 과다) ◇ 완전 자본잠식기업 ◇ 신청기업, 대표자 등의 자가사업장 또는 자가주택에 권리 　침해 사실이 있는 경우
	기타	◇ 세금 체납 중 또는 임금 체납 중인 기업 등

* 출처 : 서울신용보증재단, 경기신용보증재단

---

129)　통상 사업자가 제출한 금융기관별 금융거래확인서를 통해 확인 가능하다.

130)　금융기관 대출 장기 연체 등의 사유로, 취급은행이 한국신용정보원에 집중한 연체 정보, 대지급 정보 등의 보유자.

131)　일정액 이상의 세금 등 체납 장기화 기업.

132)　유흥주점업, 안마시술소 등 건전문화 저해 업종 또는 기타 정책적으로 제한하는 업종. (예 : 사행시설 관리 및 운영업, 부동산업 등)

‖ 에 필 로 그 ‖

과거 MBA 진학을 위해 동분서주하며 에세이(essay)를 준비하던 시절. 자신의 살아온 역사와 각오를 담아 스무 장 남짓으로 정리하여 옮기는 데에만 두 달이 넘게 걸렸던 경험이 있다. 4년 전, 스물두 해를 넘게 다니던 첫 직장(하나은행)을 그만둔 후 리프레시 기간 중 『생활 속 건강상식』을 풀어 첫 번째 서적을 출간하던 시절. 열정과 스스로의 해독능력에 기대어 시행착오 끝에 출간된 첫 작품에 대한 대중의 반응은, (나의 열정을 인정해 주는 몇몇 열정적인 독자를 제외하고는) 사실상 무반응에 가까웠다. 6개월에 걸친 투자, 땀과 노력이 아깝다는 생각보다는 첫 장편영화에서의 개인적 후회와 실패를 극복하고 역작을 지속하여 만들어낸 봉준호 감독님의 성공이력을 거울삼아, 내가 대한민국에서 최고라 자부해 왔던, 바로 그 분야(대출)를 제대로 정리하고픈 욕심으로 이 책을 준비해 왔다.

현대의 인류에게 가장 소중한 두 가지를 꼽자면, '건강'과 '돈'일진 데, 첫 번째 건강을 주제로 한 무모한 도전으로 영혼을 판 그 책에서의 아쉬움을 두 번째 작품으로 만회하고 싶은 바람이 있다. 금번 '대출'을 주제로 한 본 서적은 결국 '돈'을 빌리고 빌려주는 자의 행위 속에 내재된 당사자 간의 상호작용과 현상을 설명하는 것이라 할 수 있다.

부디, 나의 두 번째 도전이, 모든 금융인에게는 이미 친숙한 주제를 타인의 시각으로 살필 수 있는 기초 이론서이자, 더 쉽게 금전을 융통하고자 하는 일반 대중에게는 (그 융통과 관련하여) 그들의 궁금증을 조금이나마 해소해 줄 수 있는 식탁 위의 '사과'가 될 수 있기를 소망해 본다.

참고 자료

[금융기관 홈페이지 및 공개된 게시물]
· 신용보증기금 홈페이지 (경영공시, 보증상품과 내용, 약관)
· 기술보증기금 홈페이지 (경영공시, 보증상품과 내용, 약관)
· 서울신용보증재단, 경기신용보증재단, 인천신용보증재단 홈페이지
  (보증 제도 및 보증절차, 경영공시 및 각종 게시물)
· 신한금융투자 홈페이지 (IB 범주, SOC개념, 구조화금융 개념)
· 아시아신탁 홈페이지 (토지신탁의 개념, 관리형토지신탁 개념)
· KB부동산신탁 홈페이지 (신탁상품, 토지신탁의 개념)
· 우리은행 외환센터 홈페이지 (spot.wooribank.com) : 무신용장방식
· 한국무역보험공사(K Sure) 홈페이지 (보험 제도의 종류와 개념)
· HUG 홈페이지 (보증 제도, 주요 내용 및 약관)
· 한국주택금융공사 홈페이지 (보증 제도, 주요 내용 및 약관)

[전문기관 홈페이지 및 공개된 게시물]
· 한국회계기준원 (www.kasb.or.kr 기업회계기준 외)
· KCB 홈페이지 (All credit 신용등급 체계, 평가영역별 반영비중)
· NICE평가정보 홈페이지 (신용등급 체계 공시)
· 소상공인진흥공단 (사업개요, 보증상품 외)
· 중소벤쳐기업진흥공단 (사업개요, 보증상품 외)
· 공정거래위원회 (표준약관 : 여신거래기본약관, 대출약정서 외)
· 금융채권자조정위원회 홈페이지 (cracrv.co.kr)
· 국가법령정보센터(law.go.kr)
· 금융감독원(www.fss.or.kr) 홈페이지

[전문가 블로그 외]
· 'Investment Banking in Korea (중앙대 재무연구회 박건우-)'
· 책임준공의 의미 : 작성자 큰산
· 전세자금대출 진행절차 : 작성자 두 대표
· https://blog.naver.com/ksh2ky/, 영업위험 · 재무위험|작성자 머쉬나리움
· 연결회계, 지분법이익, 기타포괄손익 이해(청년자산가님) : 작성자 juunns

- 부동산PF에서 관리형토지신탁을 하는 이유는? : Investory 인베스토리
- 기업회생관리사 자격시험 온라인과정 자료(한국M&A협회)

[은행 규정 및 매뉴얼]
- 하나은행 여신업무편람, 여신업무내규, 여신업무길라잡이, 담보매뉴얼
- 신한은행 여신업무매뉴얼
- 우리은행 규정집, 영업편 (여신)
- 전북은행 여신 규정 및 업무매뉴얼
- 은행회계해설(2018년 개정판, 은행연합회)

[전문서적]
- 『중급회계』(강경보, 제3판, 도서출판 청람, 2004.)
- 『원가회계』(백태영, 제3판, 신영사, 2020.)
- 『기술신용평가사 3급 자격검정수험서(신용분석 기초편)』(김범, 나도성 외, 교보문고, 2020.)
- 금융연수원 수험서적 『여신 심사 및 관리』(5판, 이기만, 정윤섭 외)
- 『Accounting - Text & Cases』(Robert N. Anthony 외, 12th Edition, McGRAW - HILL, 2007.)
- 『Financial Management - Theory and Practice』(Brigham & Ehrhardt, 11th Edition, SOUTH - WESTERN CENGAGE Learning)

[기타] 아래 분들이 제공해 준 지식과 인사이트
- 수만 Case의 여신규정, 심사 실전 사례를 제공해 준 하나은행 영업점장, RM, 대출 실무자
- 수백 Case의 심사 실전 사례를 제공해 준 JB전북은행, 영업점장, RM, 대출 실무 담당자, 투자금융부서
- 심사와 기획실무의 자양분을 제공해 준 하나은행 심사역 및 함께했던 여덟 분의 심사부장님
- 협의체 진행과정에서 심사실무와 이론을 완성하게 해 준 JB전북은행 심사역(이진영, 김남곤, 김문수, 계택성, 박경진, 손철기)과 세 분의 심사부장님
- 합병 하나은행의 여신내규와 제도를 밤새워 함께 만들었던 KEB하나은행 '여신규정팀' 식구들

대출학개론

ⓒ 박종하, 2022

초판 1쇄 발행 2022년 9월 9일

지은이   박종하
펴낸이   이기봉
편집   좋은땅 편집팀
펴낸곳   도서출판 좋은땅
주소   서울특별시 마포구 양화로12길 26 지월드빌딩 (서교동 395-7)
전화   02)374-8616~7
팩스   02)374-8614
이메일   gworldbook@naver.com
홈페이지   www.g-world.co.kr

ISBN   979-11-388-1246-7 (03320)